财政部"十三五"规划教材
高等学校经济管理类课程"十三五"系列教材

Introduction
to Business
Management

工商管理专业导论

陈颉 高楠 ◎主编

中国财经出版传媒集团
经济科学出版社
Economic Science Press

图书在版编目（CIP）数据

工商管理专业导论/陈颉，高楠主编．—北京：经济科学出版社，2018.5（2021.9 重印）

财政部"十三五"规划教材　高等学校经济管理类课程"十三五"系列教材

ISBN 978－7－5141－9377－0

Ⅰ.①工…　Ⅱ.①陈…②高…　Ⅲ.①工商行政管理－高等学校－教材　Ⅳ.①F203.9

中国版本图书馆 CIP 数据核字（2018）第 120005 号

责任编辑：齐伟娜　赵　蕾　初少磊
责任校对：刘　昕
责任印制：李　鹏

工商管理专业导论

陈颉　高楠　主编

经济科学出版社出版、发行　新华书店经销
社址：北京市海淀区阜成路甲 28 号　邮编：100142
总编部电话：010－88191217　发行部电话：010－88191540
网址：www.esp.com.cn
电子邮件：esp@esp.com.cn
天猫网店：经济科学出版社旗舰店
网址：http://jjkxcbs.tmall.com
固安华明印业有限公司印装
787×1092　16 开　10.25 印张　240000 字
2018 年 9 月第 1 版　2021 年 9 月第 3 次印刷
ISBN 978－7－5141－9377－0　定价：30.00 元
（图书出现印装问题，本社负责调换。电话：010－88191510）
（版权所有　翻印必究　举报电话：010－88191586
电子邮箱：dbts@esp.com.cn）

前　言

工商管理专业面向企事业单位，培养既掌握宽厚的管理基本理论和知识，又有较强的语言文字表达、人际沟通等实践能力，具有可持续发展潜质的应用型管理人才。本科生进入大学以后普遍对专业了解不多，感到迷茫和困惑，导致缺乏学习目标与动力。专业导论课是面向新生开设的专业启蒙课程，旨在帮助他们清晰完整地认识就读的专业，加深对所学专业的感情，激发专业学习的热情，引导学生适应大学学习生活，启发他们掌握正确的学习方法。

工商管理专业导论教材正是基于这一目标，主要面向刚踏入大学校门的一年级工商管理专业本科生，通过课程介绍使学生掌握专业基础、专业课程、专业实践等方面的信息。基础篇主要介绍工商管理专业所属学科门类、专业发展历史等与专业相关的一般性知识，以及专业的就业领域、市场需求情况、本科毕业后深造的渠道等，使学生了解工商管理专业的培养目标、就业方向、课程设置、能力素质要求；课程篇主要介绍工商管理专业的核心课程，包括学科基础课、核心专业课等，课程学习目的及主要内容等，为后续专业课程学习打下良好基础；实践篇主要介绍培养方案中的实习实践环节，以及参与实习实践的方法与途径，专业要求和专业学习方法等，帮助大学生了解工商管理专业的实践性特点，在大学四年中结合自身情况安排好自己的学习生活。

本书的编排有以下特点：一是密切结合工商管理学科实践性较强的特点，专门设置了专业实践内容，介绍了大学生参与实践活动的多种路径，具有鲜明的专业特色；二是注重引导学生的学习兴趣，书中设置了引导案例，为没有管理实践经验的本科生提供真实的管理情境，有助于学生对后续学习产生兴趣；三是提供了拓展空间，书后附录介绍了著名管理大师的主要观点，以及推荐一年级工商管理专业本科生入门阅读的书籍简介，为学生深入了解学习专业提供了方向。

本书由天津财经大学陈颉教授担任主编，高楠副教授担任副主编，负责全书总纂和审阅定稿工作。全书各章节初稿写作分工为：陈颉教授编写第1章、第2章，陈颉、张娜编写第6章，陈颉、王瑛月编写第11章，高楠副教授编写第3章、第4章、第10章、第12章，张建宇教授编写第5章，研究生张奇敏、李凯玥编写第7章，黄文、臧蚨丰编写第8章，杨捷、刘伊曼编写第9章，尤祥博、王瑛月编写附录部分。

编　者

2018年3月于天财园

目 录

第一章　工商管理学科概述 ··· 1
第一节　工商企业管理 ／ 2
第二节　工商管理学科 ／ 5
第三节　工商管理学科的结构体系 ／ 8

第二章　工商管理学科的发展历程 ··· 15
第一节　工业革命和管理思想的发展 ／ 16
第二节　管理理论的出现 ／ 17
第三节　管理理论的新发展 ／ 23

第三章　人才培养与就业方向 ··· 28
第一节　工商管理专业能力要求 ／ 28
第二节　工商管理专业课程设置 ／ 30
第三节　工商管理专业毕业去向 ／ 34

第四章　经济学与管理学原理 ··· 40
第一节　经济学 ／ 41
第二节　管理学原理 ／ 46

第五章　运营管理与质量管理 ··· 52
第一节　运营管理 ／ 53
第二节　质量管理 ／ 58

第六章　市场营销与市场调研 ··· 63
第一节　市场营销 ／ 64

第二节　市场调研　/　70

第七章　财务管理与会计学 ······ 76
　　第一节　财务管理　/　77
　　第二节　会计学　/　80

第八章　人力资源管理与组织行为学 ······ 89
　　第一节　人力资源管理　/　90
　　第二节　组织行为学　/　95

第九章　战略管理与创新管理 ······ 101
　　第一节　战略管理　/　102
　　第二节　创新管理　/　106

第十章　公司治理与经济决策 ······ 112
　　第一节　公司治理　/　113
　　第二节　经济决策　/　119

第十一章　工商管理专业的实践学习 ······ 126
　　第一节　课堂实践　/　127
　　第二节　第二课堂　/　130
　　第三节　社会实践　/　135

第十二章　工商管理专业的学年论文与毕业论文 ······ 138
　　第一节　学年论文　/　139
　　第二节　毕业论文　/　142

附录一　十位管理大师 ······ 149
附录二　工商管理专业本科生的推荐书目 ······ 151
参考文献 ······ 153

第一章

工商管理学科概述

【学习目标】

通过本章的学习,学生应当了解工商企业、工商企业管理等基本概念,知晓工商管理学科的研究对象、理论基础,掌握工商管理学科的内容体系,了解工商管理学科的特点和学习要求。

【引导案例】

"世纪末的审判"——美国司法部诉微软公司垄断案

1995年,互联网风潮席卷了整个IT产业,网景公司通过推出强大的Navigator网络浏览器迅速崛起。微软为打压网景公司,争夺互联网时代客户平台的控制权,开发了Internet Explorer(IE)浏览器,并在为电脑制造商预装操作系统Windows 95时,免费将IE整合捆绑进去。在微软的强大攻势下,网景公司的市场份额急剧降低。1997年10月20日,美国司法部反垄断司向哥伦比亚特区联邦法院提起诉讼,指控微软背弃1995年的调停协议,违反反垄断法,要求法院判处微软消除电脑用户桌面上的IE浏览器标志,并缴纳违背调停协议期间内每日100万美元的罚款。

1998年5月18日,美国司法部和20个州的总检察官联合对微软提出反垄断诉讼,对微软提出六项垄断指控。本案遂成为自1974年美国政府控告电信巨人AT&T以来影响最大的反垄断诉讼,轰动全球,被称为"世纪末的审判"。

2000年4月4日,杰克逊法官宣布微软违反《谢尔曼反托拉斯法》,构成三项罪名:通过反竞争行为维持垄断;企图垄断浏览器市场和将其浏览器与操作系统捆绑。6月7日,法院作出一审判决:微软公司停止在Windows 95的销售中捆绑IE,不得把捆绑IE作为Windows 95许可协议的前提条件。微软将被拆分成两部分,一部分专营电脑操作系统,另一部分则专营Office系列应用软件、IE浏览器等其他软件,十年之内两部分不能合并。2001年6月,哥伦比亚特区上诉法院驳回了杰克逊拆分微软的判决。9月6日,司法部宣布不再要求拆分微软,并撤销了部分指控。9月28日,应法院要求,司法部与微软公司开始新一轮和解谈判。11月,和解协议达成。司法部和9个州同意了该和解协议,但其他州和哥伦比亚特区表示不接受。此后,微软陆续与哥伦比亚特区和各州达成和解,和解费用总计约18亿美元。

经过近十年的较量,本案尘埃落定,付出高昂的代价后,微软最终艰难而幸运地避免了被拆分的噩运。有人认为,微软避免被拆分的根本原因是,政府意识到,在以信息技术为核心的新一轮工业革命中,用拆分来破除垄断已然落伍,所以才选择与微软化干戈为玉帛。对于任何一种行业,垄断是竞争的必然结果,只要启动了竞争机制,一定程度的垄断就不可避免。为了保持竞争局面,法律也必须认可一定程度的垄断。有效的政策可以保持产业内的竞争活力。对于企业而言，在经济全球化的大背景下，企业要在竞争中获胜，扩大规模以占据优势地位是有利的竞争手段。

资料来源：周浩，《世纪末的审判——美国司法部诉微软公司垄断案》，载于《人民法院报》2011年1月21日。

第一节 工商企业管理

一、工商企业及其分类

1. 工商企业

企业是指以营利为目的，运用劳动力、资本、土地、技术等各种生产要素向市场提供商品或服务，实行自主经营、自负盈亏、独立核算的具有法人资格的社会经济组织。早期的企业较多地出现在工业和商业领域，因此概括地称为工商企业。企业的含义十分丰富，不同学科对企业的内涵有着不同的认识：经济学认为，企业是创造经济利润的机器和工具；社会学认为，企业是人的集合；法学认为，企业是一组契约关系；管理学则认为，企业是为实现盈利而形成的一类组织。

亚当·斯密（Adam Smith）在其经典著作《国富论》中用劳动分工来解释企业出现的原因，劳动分工导致专业化生产，这种专业化生产的优势在企业内部表现得最为明显，劳动分工使原来整体的制造流程被分为各种专门职业，这种专门职业的形成与发展使工人获得了更多的熟练技巧和判断力。各种专门职业的合作生产，使企业能够完成单个人无法完成或无法大量完成的工作。亚当·斯密曾对制针行业进行了观察，发现制针行业操作环节众多，如果没有分工，一个工人可能一天也制做不出一根针。而当时的工厂将制针分为18种操作，由18个工人担任，也有些工厂由一个工人兼任两三种操作。这种分工大大提高了劳动生产率，每天平均每人可以生产4800枚针，效率的提升是相当惊人的。

企业是社会分工发展的产物。从劳动分工的角度来看，企业这种经济组织将具有专门技能、分属于不同职业的人集中在一个作坊里，利用专门的机器实现某些特殊工艺，实现了专业化生产。企业存在的意义是能够利用劳动分工和专业化的优势促进劳动生产率的提高。随着社会分工的不断发展壮大，企业现在已经成为市场经济活动的主要参与者，构成了市场经济的微观基础。

2. 工商企业的分类

根据我国现行的有关法律条款规定，按照投资人的出资方式和所承担的法律责任不同，企业主要存在三类组织形式：个人独资企业、合伙企业和公司，其中公司制企业是现代企业中最主要和最典型的组织形式。

（1）个人独资企业。个人独资企业是最古老也是最常见的企业法律组织形式，又称个人业主制企业，是由一个自然人投资并承担无限连带责任，全部资产为投资者个人所有的营利性经济组织。这类企业的典型特征是个人出资、自负盈亏，业主对企业债务承担无限责任。当个人独资企业财产不足以清偿债务时，经营者要以个人其他资产予以清偿。这类企业的创设条件最简单。

（2）合伙企业。合伙企业是指由两个或两个以上的人共同出资经营、共享收益、共担风险，并对合伙企业债务承担无限连带责任的营利性组织。合伙企业通常要订立合伙协议，决策要合伙人集体做出，不如个人独资企业自由，但具有一定的规模优势。合伙企业包括普通合伙企业和有限合伙企业两种形式。两者最大的区别在于有两种不同类型的所有者：普通合伙人和有限合伙人。其中，普通合伙人对合伙企业的债务负无限责任，而有限合伙人仅以投资额为限承担有限责任，但一般不拥有对企业的控制权。

（3）公司制企业。公司是现代社会中最主要的企业形式，是以营利为目的，由法定人数以上的投资者出资形成，拥有独立的资产，享有法人财产权，独立从事生产经营活动，依法享有民事权利，承担民事责任，并以其全部财产对公司的债务承担责任的企业法人。与个人独资企业、合伙企业相比，公司制企业最大的特点是仅以其所持股份或出资额为限对公司承担有限责任。公司制企业的主要形式为有限责任公司和股份有限公司。

二、工商企业管理

1. 管理的起源

管理是人类社会活动和生产活动中普遍存在的社会现象。管理实践活动已存在了上千年，几乎与人类历史一样悠久。早在原始社会，人们为了抵御恶劣的自然环境就形成了以血缘关系为基础的氏族部落，从事集体劳动并共同生活。推选出的部落首领负责安排狩猎等组织活动，进行简单的分工协作，猎取的食物按照一定的规则在成员间进行分配等，这些维持共同生活的组织活动就是管理实践，虽然处于原始的自发状态，但其本质与今天的管理并无差异。

人类的管理实践活动基本与人类的出现同步，并在人类的各种组织，如家庭、氏族、宗教、企业和国家中发挥着获取发展、促进成长的作用。组织中的成员要想实现分工协作，达到预期目标，必须对参与分工协作的成员的行为、利益等进行协调，使成员能够心往一处想、劲往一处使，取得 $1+1>2$ 的效果。管理是协作的客观需要，共同劳动涉及的范围越广，管理工作就越复杂。

马克思对于这种人类特有的活动进行过十分精确的描述："一切规模较大的直接劳动或共同劳动，都或多或少地需要指挥，以协调个人的活动，并执行生产总体的运动——不同于这一总体的独立器官的运动——所产生的各种一般职能。一个单独的提琴手是自己指挥自己，一个乐队就需要一个乐队指挥。"[①] 虽然马克思在这段名言中没有提及"管理"一词，但却十分清晰地描述了人们基于群聚活动建立具有共同目标的组织之后，就必然出现指挥的工作来协调人们的活动。这是一种新的社会职能，它不同于这个群体活动中每个人所干的具体工作，而是一种以协调个人活动以取得总体目标的社会职能。显然，这种指挥的工作就是我们这里所说的管理活动了。

---

① 吴照云：《中国管理思想史》，北京大学出版社 2011 年版，序言部分。

18世纪下半叶，从英国开始的工业革命，导致工厂制度的出现，孕育和发展出一批大型企业组织，规模经济成为竞争的重要战略方向。但现代意义上的社会大生产带来了一系列新的管理问题，正如管理思想史学者丹尼尔·雷恩（Daniel A. Wren）指出的："新兴工厂体制提出了不同以往的管理问题。教会能够组织和管理其财产，是因为教义以及忠诚信徒的虔诚；军队能够通过一种严格的等级纪律和权威控制大量人员；政府官僚机构能够在无须面对竞争或获得利润的情况下运转。但是，新工厂体制下的管理者无法使用上述任何一种办法来确保各种资源的合理使用配置。"①

新兴的工厂制度所提出的管理问题完全不同于以前传统组织所碰到的管理问题。新制度下的管理人员不能用以前的任何一种管理办法来确保各种资源的合理使用。这些前所未有的管理问题需要人们去研究解决，在这种情况下，针对企业的管理研究开始出现。

2. 工商企业管理

人们的劳动专业化分工和相互协作形成各类工商企业，企业中的成员要想实现分工协作，达到预期目标，必须对参与分工协作的成员的行为、利益等进行协调，使成员能够心往一处想、劲往一处使，取得 1 + 1 > 2 的效果。管理是协作的客观需要，共同劳动涉及的范围越广，管理工作就越复杂。从管理实践来看，企业的寿命极为短暂。据美国《财富》杂志报道，美国大约62%的企业寿命不超过5年，只有2%的企业存活达到50年；中小企业平均寿命不到7年，大企业平均寿命不足40年；一般的跨国公司平均寿命为10~12年；世界500强企业平均寿命为40~42年，1000强企业平均寿命为30年。日本《日经实业》的调查显示，日本企业平均寿命为30年。中国民营企业面临极为激烈的市场竞争，对其寿命虽然估计不甚精确，但有研究表明中国民营企业的平均寿命为7.5年。

对于工商企业如此短命的现象，诸多管理学者已做出各自的解释。美国管理学家切斯特·巴纳德（Chester I. Barnard）曾指出："在西方文明中，有一个正式组织——罗马天主教会——存在了很长时间。有少数大学、极少数的民族政府或正式组织起来的国家，超过了200年，有些市政当局稍微长寿一些，但其他法人组织很少有超过100年历史的。在人类的历史中，显著的事实是协调的失败，协作的失败，组织的失败，组织的解体、崩坏和破坏。"② 管理大师彼得·德鲁克（Peter F. Drucker）也曾经十分确定地指出："显然，公司是人为建立的机构，因而它不可能长盛不衰。对一个人为建立的机构而言，即使是维持50年或一个世纪的短暂时光也谈何容易。因此，天主教意味深长地指出，它的缔造者是上帝而不是人类。"③ 由此可见，管理问题是企业之所以如此短命的根本原因。

工商企业管理就是借助管理这种手段，来实现企业盈利并持续经营的目标。工商企业管理与工商行政管理存在着本质区别。工商企业管理定位于具体企业，其目标是提高单个企业的竞争力，改善经营业绩，增加股东回报，为企业决策提供依据。一般来说，在讨论企业管理问题时，我们会站在某个企业的立场上，关心如何解决其所面临的独特问题，如何能够将企业利益最大化，发掘出其核心竞争力。虽然随着时代的发展，企业也开始承担

---

① ［美］丹尼尔·A. 雷恩：《管理思想史》（孙健敏等译），中国人民大学出版社2010年版，第27~28页。
② 转引自谭力文：《论管理学的普适性及其构建》，载于《管理学报》2009年第3期，第285~290页。
③ ［美］切斯特·I. 巴纳德：《经理人员的职能》（李丹译），电子工业出版社2016年版，第5页。

社会责任等工作，但其社会责任决策也要服从营利性这个根本目标。

工商行政管理属于公共管理学科的范畴，是指国家为了建立和维护市场经济秩序，通过市场监督管理和行政执法等机关，运用行政和法律手段，对市场经营主体及其市场行为进行的监督管理。工商行政管理的执行主体是各地的工商行政管理局，其主要职能是：监督管理各类市场、依法规范市场交易行为，保护公平竞争，查处经济违法行为，取缔非法经营，维护正常的市场经济秩序。工商行政管理的主要目的是站在政府的角度，保护公平竞争，制止不正当竞争，保护经营者和消费者的合法权益，维护整个市场的公平与效率。

第二节 工商管理学科

一、工商管理学科的主要内容

1. 研究对象

管理学科是系统研究管理活动的基本规律和一般方法的科学，主要研究管理者如何有效地管理其所在的组织。不同行业、不同部门、不同性质的组织，其具体的管理方法和内容可能很不相同。一般来说，管理学的研究对象主要包括三类组织：营利性组织、非营利性组织、政府部门；营利性组织的管理即工商管理，非营利性组织的管理即公共事业管理，以及政府组织管理即行政管理。

工商管理学科是研究营利性组织——企业，包括不同产业、不同性质、不同规模的各种类型企业的生产、经营与管理问题所遵循的基本理论、基本原理和基本方法的学科。具体地说，工商管理学科以工商企业的管理问题为研究对象，以经济学和行为科学为主要理论基础，以统计学、运筹学等数理分析方法和案例分析方法等为主要研究手段，探讨和研究工商企业如何把市场配置给企业的各种可支配资源，如土地、劳力、资金、技术、信息等，最充分合理地组织和利用起来，以获得最大的经济和社会效益。工商管理学科的研究目的是探索、归纳和总结出管理活动的一般理论、规律和方法，为企业或经济组织的管理决策和管理实践提供管理理论指导与科学依据，培养各类专业管理人才，提高企业经营管理效率，推动企业持续发展，从而促进社会经济的发展。

2. 研究内容

工商管理学科的研究内容主要是企业的经营管理活动，活动的效率、效果，以及与此相关的各类问题。这些问题大致包括：公司治理、生产运营、物流配送、组织行为与人力资源、财务与会计、市场营销与品牌创建、管理信息系统与互联网技术应用、技术创新管理、战略管理、服务管理等有关管理职能问题；企业产品或服务设计、采购、生产、运营、投资、理财、销售、战略发展等管理决策问题；企业作为一个整体与宏观社会、文化、政治、经济等外部环境之间的关系问题；以及企业创业、成长、危机及衰退等组织演进问题。工商管理学科体系包括四个子学科：基础管理学科、综合管理学科、职能管理学科和专门业务管理学科。

（1）基础管理学科：包括管理学原理、管理心理学、管理经济学和组织行为学等。在工商管理专业培养方案中，这些学科的知识通常设置为专业基础课程，目的是为专业课奠定必要的基础，为后续专业学习提供基本理论、工具和方法。专业基础课是大学生学习专业课程、形成专业能力的重要基础，并与专业课程共同构成了大学专业教育的核心课程体系。

（2）职能管理学科：包括生产管理、质量管理、营销管理、人力资源管理、会计学、财务管理、技术创新管理等。这些领域的研究相对比较成熟，在工商管理专业中通常设置为专业核心课程。这些课程的目的是使学生掌握必要的专业基本理论、专业知识和专业技能，了解本专业的前沿科学技术和发展趋势，培养分析解决本专业范围内一般实际问题的能力。工商企业中一般都设置有相关的职能部门专门负责某一职能方面的管理工作。

（3）综合管理学科：包括战略管理、领导科学等。战略管理、领导科学等课程侧重于概念性技能的培养，企业中难以设置相应职能的部门，这些技能对于高层管理者非常重要。由于高层管理者承担着企业中制定战略、做出重大决策、分配资源等工作，同时对整个企业的绩效负责。因此他们需要纵观全局，分析判断所处环境并能识别其因果关系的概念性技能。

（4）专门业务管理学科：包括项目管理、资产管理、房地产管理、电子商务管理、风险管理、会展和赛事管理等。这类学科知识通常以专业选修课的形式进行教授，大学生可以根据自己的兴趣和发展方向自主选择。在实践中，这些领域是近年来发展最快的新兴行业，行业的发展对人才产生了较大的需求，也能够提供较多的就业岗位。

3. 研究基础

工商管理学科的基础理论主要包括经济学理论、行为科学理论、博弈论与决策论等。

首先，企业经营活动和管理决策在很大程度上受到宏观经济的影响，因此，经济学是工商管理学科的基础理论之一。由于经济管理一词的使用频率非常高，经济学与管理学经常被人们认为是大同小异的学科，但实际两者存在很大差异。

经济学讲求社会整体的效率与公平，以提高社会公共福利为宗旨，关注行业政策和行业结构等宏观层次的问题，为政府制定政策提供依据。管理学虽然也要兼顾社会的整体利益，但其重点却是为企业利益服务，以提高单个企业竞争力，改善经营业绩，增加股东回报为目标。这意味着后者会关心如何面对同样的行业宏观环境建立企业独特的竞争优势，而前者甚至可能试图降低某些企业甚至行业的利润率，以实现公众利益的最大化。管理学通常以个别企业为研究对象，关心的是如何解决其面临的独特问题，以及如何发掘其核心竞争力。

微软公司在2000年前后曾面临美国司法部一系列的垄断诉讼。2000年6月，联邦法官托马斯·杰克逊对微软垄断案作出判决，下令将微软肢解为两个独立的公司，以防止软件业巨头微软公司利用其在计算机操作系统的垄断地位进行不正当竞争。这一判决得到了不少经济学背景的反垄断专家的赞同，为司法部提供理论依据的就包括美国一批一流的经济学家。美国经济学家认为，在美国的绝大部分行业中，创新是最重要的推动力，对微软进行拆分，可以减少垄断的可能，避免垄断带来的对行业结构和公众利益的侵犯，就像20世纪80年代美国政府对AT&T所采取的政策一样。[①]

[①] 1984年，美国司法部依据《反托拉斯法》拆分了美国电话电报公司（AT&T），分拆出1个继承了母公司名称的新AT&T和7个本地电话公司，美国电信业从此进入了竞争时代。

而从管理学的角度来看，微软公司正是充分利用了战略管理理论和方法，才能在整个行业中占据有利的竞争地位，给其他竞争者建立了进入行业的障碍，并凭借这种优势地位获得超额利润，这是管理学中战略管理研究的内容，也是管理实践活动中企业与管理者追求的目标。于立（2013）曾提到"企业追求效率，政府强调公平，社会实现和谐"，在正常的市场经济条件下，单个企业追求个体垄断地位的努力反倒促进了行业的竞争，当然有时也可能自然而然地趋向于垄断。

其次，经营管理活动和决策的主体是人，而人的个体或群体心理行为会影响企业的经营活动和管理决策，因此，行为科学同样成为工商管理学科的基础理论之一。管理主要是处理人与人之间的关系，行为科学是一门研究人们行为规律的科学，主要研究如何激发人的工作积极性，提高劳动生产率，改善并协调人与人之间的关系，缓和劳资矛盾。行为科学借助了心理学、社会学、人类学等学科的很多成果，从中寻找对待企业员工的新方法及提高劳动效率的途径。

最后，工商管理学科研究企业各种职能部门经营管理活动和管理决策，而在企业经营管理中面临复杂的内部代理问题和激烈的外部市场竞争，因此，博弈论和决策论近年来也逐步成为工商管理学科的基础理论之一。由于工商管理学科内容的复杂性、交叉性、综合性和复杂性特征，各类专业还有自己一些独特的专业理论系统，主要包括财务与会计、生产运营管理、物流与供应链管理、组织行为与人力资源、技术管理、市场营销、企业战略管理等相关理论体系。

4. 研究方法

从研究方法看，工商管理学科使用了自然科学、工程技术科学和社会科学研究中的主要方法，包括理论研究方法和应用研究方法。理论研究方法包括统计学、运筹学、数学建模和优化技术等数理分析方法；应用研究方法有案例研究、项目研究、行动研究、模拟研究和实验研究等。此外，随着自然科学、社会科学和信息技术的发展，工商管理还不断引入其他学科的研究方法，包括心理试验、计算机仿真模拟技术、数据挖掘分析、非线性动力学、多元分析技术等。

二、工商管理学科的特点

1. 工商管理学是一门综合性学科

工商管理学科是一门综合性的交叉学科。管理活动在各种类型的企业中普遍存在，是对企业中的人、财、物、信息、技术、环境等要素的动态平衡。管理过程的复杂性、动态性和管理对象的多样化决定了管理所要借助的知识、方法和手段的多样化。因而工商管理学的研究也必然涉及众多的学科，主要有哲学、经济学、社会学、心理学、生理学、人类学、伦理学、政治学、法学、数学、计算机科学、系统科学等。

工商管理学科的这一特点对管理人才的知识结构提出了更高的要求。管理的综合性，决定了我们可以从各种角度出发研究管理问题；管理的复杂性和对象的多样化，则要求管理者具有广博的知识，才能对各种各样的管理问题应付自如。

2. 工商管理学是实践性很强的应用科学

工商管理学研究的主要对象是企业管理实践。无论是经济学、计量方法还是行为科学都只是管理研究的工具。理论来自于实践，又对实践起到指导作用。工商管理学是从人类长期实践中总结而成的，同样要去指导人们的管理工作。由于管理过程的复杂性和管理环境的多变性，管理知识在运用时具有较大的技巧性、创造性和灵活性，很难用固定的规则、原理定义或固定下来，因此管理具有很强的实践性。

对工商管理工作来说，越高层的管理，如董事长和 CEO 的工作，艺术成分越多；越基层的管理，如部门经理或车间主任，甚至是现场调度或质量控制的工作，科学成分越高（于立，2013）。管理学科的实践性，决定了学校是培养不出"成品"管理者的。要成为一名合格的管理者，除了掌握管理学的基本知识以外，更重要的是要在管理实践中不断磨炼，积累管理经验，从干中学，干学结合才能真正领悟管理的真谛。

3. 工商管理学是不精确的科学

人们通常把在给定条件下能够得到确定结果的学科称为精确的科学。如数学，只要给出足够的条件或函数关系，按一定的法则进行演算，就能得到确定的结果。工商管理学则不然，它具有不精确性。

例如，企业管理活动中要先进行计划，然后根据员工不断变化的需求调整相应的激励手段，这些可以称之为管理原则，但显然，这些原则与数学、物理中的精确描述的定理等区别很大，它们缺乏精确科学中的严密性。主要原因是影响管理的因素众多，无法准确判定因素之间的相互关系；另外，管理主要是与人打交道，人的心理变化、思想情绪等很难准确地控制，无法使用量化方法精确地度量。

尽管如此，管理学虽然不像自然科学那么精确，但它依然符合科学的特征。科学是正确反映客观事物本质和规律的知识体系，是不以人的意志为转移的客观规律。从这一点来说，管理学具备科学的特征，是一门科学，虽然不像自然科学那么精确，但经过几十年的探索、总结，已形成了反映管理过程客观规律的管理理论体系，据此可以解释管理工作中存在的各种现象，并且预测未来可能发生的变化。管理学可以用许多自然科学中所用的方法定义、分析和度量各种现象，还可以通过科学的方法进行学习和研究，不同的只是其控制和解释干扰变量的能力较弱，不能像自然科学那样进行严格的实验。

第三节　工商管理学科的结构体系

一、工商管理学科结构

1. 学科的概念

学科是相对独立的知识体系。学科有两层含义：一是作为学问或知识体系的分支，即科学的分支或知识的分门别类，如自然科学中的化学、物理学，社会科学中的政治学、法学等；二是指教与学的科目，即从传递知识、教育教学的角度来教授的各类科目。学科来自于人类的知识和活动产生的经验，经验的积累和消化形成认识，认识通过思考、归纳、理解、抽象上升为知识，知识在经过运用并得到验证后进一步发展到科学层面形成知识体系，处于不断发展和演进的知识体系根据某些共性特征进行划分而形成学科。

衡量一门学问是否能够称为"学科"主要有四项指标：一是是否有独特的研究对象；二是是否有坚实的理论基础；三是是否有完整的内容体系；四是是否有科学的研究方法。经过长期的实践与理论研究，管理学已经形成相对独立而且明确的研究领域，完全符合四项判别标准。尽管还不像数学、物理、化学等学科那样成熟，但已具备成为科学的基本条件。但管理与其他自然科学又有明显的差异。管理者需要在管理活动中运用管理理论和方法，随着管理环境的变化，理论和方法有一定的灵活性与技巧。

2. 工商管理学科设置

国务院学位委员会与教育部在2011年3月颁布了《学位授予和人才培养学科目录（2011年）》，这是目前我国高校中所遵循的学科分类标准。这一目录是国家进行学位授权审核与学科管理、学位授予单位开展学位授予与人才培养工作的基本依据，适用于硕士、博士的学位授予、招生和培养，并用于学科建设和教育统计分类等工作。本科毕业生的学士学位要按该目录列出的学科门类授予。

《学位授予和人才培养学科目录》分为学科门类、一级学科和二级学科。学科门类包括哲学、经济学、法学、教育学、文学、历史学、理学、工学、农学、医学、军事学、管理学、艺术学13个大类。每一个学科门类下设若干一级学科，13个学科门类下共有110个一级学科。一级学科是具有共同理论基础或研究领域，相对一致的学科集合。一级学科原则上按学科属性进行设置，须符合以下基本条件：（1）具有确定的研究对象，形成了相对独立、自成体系的理论、知识基础和研究方法；（2）一般应有若干可归属的二级学科；（3）已得到学术界的普遍认同，在构成本学科的领域或方向内，有一定数量的学位授予单位已开展了较长时间的科学研究和人才培养工作；（4）社会对该学科人才有较稳定和一定规模的需求。按照这些要求，管理学这个学科门类下设5个一级学科，分别是管理科学与工程、工商管理、农林经济管理、公共管理、图书情报与档案管理。

一级学科一般包含若干二级学科，是学位授予单位实施人才培养的参考依据。二级学科是组成一级学科的基本单元。二级学科设置应符合以下基本条件：（1）与所属一级学科下的其他二级学科有相近的理论基础，或是所属一级学科研究对象的不同方面；（2）具有相对独立的专业知识体系，已形成若干明确的研究方向；（3）社会对该学科人才有一定规模的需求；（4）社会对该学科人才有较稳定和一定规模的需求。二级学科目录每5年编制一次。由教育部有关职能部门在对现有二级学科的招生、学位授予和毕业生就业等情况进行统计分析的基础上，将已有一定数量学位授予单位设置的、社会广泛认同且有较大培养规模的二级学科编制成二级学科目录。

目前，工商管理一级学科下设会计学、企业管理、旅游管理、技术经济及管理4个二级学科。教育部已经提出学位授予单位可在本单位具有博士学位授权的一级学科下，自主设置与调整授予博士学位的二级学科；在具有硕士学位授权的一级学科下，自主设置与调整授予硕士学位的二级学科。高等院校根据自身情况在工商管理一级学科下自主设置二级学科，可以适应管理学科具有高度综合性的这个特征，同时进一步拓宽管理学科研究人才的培养口径。管理学的学科目录见表1-1。

表1-1　　　　　　　　　管理学一级学科与二级学科目录

学科门类	一级学科（学科大类）	二级学科
管理学	1201 管理科学与工程（可授管理学、工学学位）	注：本一级学科不分设二级学科（学科、专业）
管理学	1202 工商管理	120201 会计学 120202 企业管理（含：财务管理、市场营销、人力资源管理） 120203 旅游管理 120204 技术经济及管理
管理学	1203 农林经济管理	120301 农业经济管理 120302 林业经济管理
管理学	1204 公共管理	120401 行政管理 120402 社会医学与卫生事业管理(可授管理学、医学学位) 120403 教育经济与管理（可授管理学、教育学学位） 120404 社会保障 120405 土地资源管理
管理学	1205 图书馆、情报与档案管理	120501 图书馆学 120502 情报学 120503 档案学

资料来源：国务院学位委员会、教育部：《学位授予和人才培养学科目录（2011）》，http://old.moe.gov.cn//publicfiles/business/htmlfiles/moe/moe_834/201104/116439.html。

3. 学位授予

本科层次的管理学教育主要是为企业、事业单位以及政府部门培养实践型管理人才，博士研究生层次的管理学教育则主要是为高等学校、科学研究机构培养管理学科研究人才或学术型管理人才。硕士层面的管理学教育包括两种类型的学位教育：学术型硕士学位教育和专业型硕士学位教育。学术型硕士学位在我国已发展多年，以培养教学和科研人才为主，偏重学术理论研究；而专业型硕士学位（以下简称为"专业学位"）则定位于培养实践型管理人才。

专业学位是近年来快速发展的学位教育类型，相对于学术型硕士学位而言，专业学位研究生教育的目标是培养具有扎实理论基础，并适应特定行业或职业实际工作需要的实践型高层次专门人才。专业学位与学术型学位同样处于同一层次，培养目标有明显差异，学术型学位按学科设置，以学术研究为导向，偏重理论和研究；而专业学位以专业实践为导向，重视实践和应用，培养在专业和专门技术上受到正规的、高水平训练的高层次人才。专业学位教育的主要培养目标不是从事学术研究，而是从事具有明显职业背景的工作，如会计师、职业管理人员、工程师等。目前，专业硕士招生数量每年增长很快，已占研究生总招生的50%以上，成为研究生教育中不可忽视的力量。学术型研究生和专业型研究生都是研究生培养的重要组成部分。

教育部颁布的专业学位授予和人才培养目录中的管理类专业硕士学位包括工商管理（master of business administration，MBA）、公共管理（master of public administration，

MPA)、会计（master of professional accounting，MPAcc）、旅游管理（master of tourism administration，MTA）、图书情报（master of library and information studies，MLIS）、工程管理（master of engineering management，MEM）六类。

二、工商管理专业设置

2012 年，教育部修订颁布的《普通高等学校本科专业目录（2012 年）》是目前高校本科专业设置和管理所遵循的标准。教育部要求高校设置专业须具备下列基本条件：（1）符合学校办学定位和发展规划；（2）有相关学科专业为依托；（3）有稳定的社会人才需求；（4）有科学、规范的专业人才培养方案；（5）有完成专业人才培养方案所必需的专职教师队伍及教学辅助人员；（6）具备开办专业所必需的经费、教学用房、图书资料、仪器设备、实习基地等办学条件，有保障专业可持续发展的相关制度。由此可见，高校的专业设置是以学科建设为依托的，高校通过学科建设工作聚集在本学科领域内的教师，开展科学研究并得到学术界的普遍认同，积累了一定的科学研究成果，在此基础上才有能力设置专业，向大学生提供高质量的专业教育。在 2012 年的本科专业目录中，工商管理类专业包括工商管理、市场营销、会计学、财务管理、国际商务、人力资源管理、审计学、资产评估、物业管理和文化产业管理。管理学本科专业目录见表 1-2。

表 1-2　　　　　　　　普通高等学校管理学本科专业目录

12	学科门类：管理学
1202	工商管理类
120201K	工商管理
120202	市场营销
120203K	会计学
120204	财务管理
120205	国际商务
120206	人力资源管理
120207	审计学
120208	资产评估
120209	物业管理
120210	文化产业管理（注：可授管理学或艺术学学士学位）

资料来源：教育部，《普通高等学校本科专业目录（2012）》，http：//www.moe.edu.cn/srcsite/A08/moe_1034/s3882/201209/t20120918_143152.html。

1. 工商管理

工商管理专业主要依托工商管理学科下设的企业管理二级学科，面向工商企业的经营活动及其组织和管理工作培养人才。毕业生应该能够胜任企事业单位及其他类型组织中的各类管理岗位工作，尤其是需要超越各类具体职能工作，起到协调作用的中高层管理岗位。通过学习，毕业生应掌握管理学、经济学的基本原理和现代企业管理基本理论与知识；掌握企业管理的定性、定量分析方法；具有较强的语言与文字表达、人际沟通能力，具有创新精神和实践技能，成为高素质复合型人才。

2. 市场营销

市场营销专业主要培养能在企事业单位从事市场营销与管理工作的高级专门人才。市场营销是指工商企业根据目标顾客的要求，生产适销对路的产品，并从生产者流转到目标顾客的活动过程。营销的目的在于通过满足目标顾客的需要，实现企业利润最大化的目标。市场营销专业学生主要学习市场营销及工商管理方面的基本理论和基本知识，受到营销方法与技巧方面的基本训练，具有分析和解决营销问题的基本能力。

3. 会计学

会计学专业培养能在企事业单位及政府部门从事会计实务的高级专门人才。会计学是在商品生产的条件下，研究如何对再生产过程中的价值活动进行计量、记录和预测；在取得以财务信息为主的经济信息的基础上，监督、控制价值活动，促使再生产过程，不断提高经济效益的一门经济管理学科。会计学专业学生主要学习会计、审计和工商管理方面的基本理论与基本知识，受到会计方法与技巧方面的基本训练，具有分析和解决会计问题的基本能力。

4. 财务管理

财务管理专业培养能够在企事业单位从事融资、投资及资本运营工作的高级专门人才。财务管理是研究如何通过计划、决策、控制、考核、监督等管理活动对资金运动进行管理，以提高资金效益的一门经营管理学科。该专业学生要掌握财务管理基本知识和技能，熟悉财务管理工作流程，制定财务分析报告和财务决策方案，具有分析和解决财务问题的基本能力。

5. 国际商务

国际商务专业培养能够在涉外经济贸易部门、中外合资企业从事国际贸易业务和管理工作的高级管理人才。国际商务是超越了国界产生的围绕企业经营的事务性活动，主要是指企业从事国际贸易和国际投资过程中产生的跨国经营活动。国际贸易包括货物、服务和知识产权交易；国际投资主要是指国际直接投资，包括独资、合资和合作经营。国际商务专业学生需要掌握国际商务理论、实务和国际商法，能较熟练地应用国际法规、外语开展商务活动。

6. 人力资源管理

人力资源管理专业培养能够在企事业单位及政府部门从事人力资源管理的专业人才。人力资源管理包括人力资源的预测与规划，工作分析与设计，人力资源的维护与成本核算，员工的甄选录用、合理配置和使用，员工绩效评估，员工薪酬管理，人员培训与开发，以及建立和谐的劳动关系等多个方面。人力资源管理专业学生应掌握人力资源管理理论和应用方法，熟练运用现代化管理的技能与手段，以适应各类组织人力资源管理工作的需要。

7. 审计学

审计学专业主要是面向国家审计机关、部门及各单位内部的审计机构和社会审计组织，培养能够从事审计实践工作的高级专门人才。审计是一种具有独立性的经济监督，审计的对象是被审计单位的经济活动和会计资料，审计审查的内容包括会计但不限于会计。审计专业学生主要学习会计、审计等方面的基本理论和基本知识，受到会计、审计方法和技巧方面的基本训练，具有分析和解决会计、审计问题的基本能力。

8. 资产评估

资产评估专业面向各类资产评估机构培养具备资产评估与管理的实践能力，能够从事资产评估工作的高级专门人才。资产评估是指评估机构及其评估专业人员根据委托对不动产、动产、无形资产、企业价值、资产损失或者其他经济权益进行评定、估算，并出具评估报告的专业服务行为。资产评估专业学生主要学习资产评估、会计、审计等方面的基本理论和基本知识，具有分析和解决资产评估问题的基本能力。

9. 物业管理

物业管理专业是面向物业行业培养能够完成物业行业监管、社区管理工作和物业项目的各类投资、开发、经营与管理工作的高素质人才。物业管理是指受物业所有人的委托，依据物业管理委托合同，对物业设备设施、绿化、卫生、交通、治安和环境容貌等管理项目进行维护、修缮和整治，并向物业所有人和使用人提供综合性的有偿服务。物业管理专业学生主要学习物业管理方面的基本理论、基本方法，受到物业管理方面的基本训练，具有分析和解决物业管理问题的基本能力。

10. 文化产业管理

文化产业管理专业主要培养能够在文化产业及相关产业、政府文化管理部门及文化事业单位从事文化经营管理、市场营销与策划、文化贸易与交流工作的应用型、复合型高级人才。文化产业管理专业主要探讨文化产业中各个行业以及综合经营管理中企业的盈利方法及其模式。文化产业管理专业学生主要学习文化产业管理专业基础理论和基本职业技能，受到文化产业管理方面的基本训练，具有文化产业管理岗位工作的技能。

本章小结

企业主要存在三类组织形式：个人独资企业、合伙企业和公司，其中公司制企业是现代企业中最主要和最典型的组织形式。

管理学的研究对象主要包括三类组织：营利性组织、非营利性组织、政府部门；营利性组织的管理即工商管理，非营利性组织管理即公共事业管理，以及政府组织管理即行政管理。

工商管理学科是研究营利性组织——企业，包括不同产业、不同性质、不同规模的各种类型企业的生产、经营与管理问题所遵循的基本理论、基本原理和基本方法的学科。

工商管理学科体系包括四个子学科：基础管理学科、综合管理学科、职能管理学科、专门业务管理学科。

工商管理学科具有综合性、实践性、不精确的特点。

管理学学科门类下设5个一级学科，分别是管理科学与工程、工商管理、农林经济管理、公共管理、图书情报与档案管理。

工商管理类专业包括工商管理、市场营销、会计学、财务管理、国际商务、人力资源管理、审计学、资产评估、物业管理、文化产业管理。

重要术语

工商企业　　工商管理学科　　一级学科　　二级学科

第二章

工商管理学科的发展历程

【学习目标】

通过本章的学习，了解工业革命后企业管理实践的发展，清楚管理理论的形成与发展过程，理清管理学的发展脉络，了解管理理论的发展趋势及所面临的挑战，引发对专业的兴趣。

【引导案例】

联合邮包服务公司的送货管理

联合邮包服务公司（United Parcel Service，UPS）雇佣了15万名员工，平均每天将900万个包裹发送到美国各地和180个国家（地区）。为了实现他们的宗旨——在邮运业中办理最快捷的运送，UPS的管理当局系统地培训他们的员工，使他们以尽可能高的效率从事工作。下面将以送货司机的工作为例，介绍他们的管理风格。

UPS的工业工程师们对每一位司机的行驶路线都进行了时间研究，并对每种送货、暂停和取货活动都设立了标准。这些工程师们记录了红灯、通行、按门铃、穿过院子、上楼梯、中间休息喝咖啡的时间，甚至上厕所的时间，将这些数据输入计算机中，从而给出每一位司机每天中工作的详细时间标准。

为了完成每天取送130件包裹的目标，司机们必须严格遵循工程师设定的程序。当他们接近发送站时，他们松开安全带，按喇叭，关发动机，拉起紧急制动，把变速器推到1挡，为送货完毕的启动离开做好准备，这一系列动作严丝合缝。然后，司机从驾驶室"出溜"到地面上，右臂夹着文件夹，左手拿着包裹，右手拿着车钥匙。他们看一眼包裹上的地址把它记在脑子里，然后以每秒钟3英尺的速度快步走到顾客门前，先敲一下门以免浪费时间找门铃。送货完毕后，他们在回到卡车上的路途中完成登录工作。

这种刻板的时间表是不是看起来有点繁琐？也许是，它真能带来高效率吗？毫无疑问！生产率专家公认，UPS是世界上效率最高的公司之一。举例来说，联邦捷运公司（Federal Express）平均每人每天不过取送80件包裹，而UPS却是130件。在提高效率方面的不懈努力，对UPS的净利润产生了积极的影响。

资料来源：[美]斯蒂芬·罗宾斯：《管理学》（孙健敏译），中国人民大学出版社2004年版，第23页。

第一节　工业革命和管理思想的发展

一、工业革命

工业革命是指资本主义生产从以手工技术为基础的个体手工生产过渡到以机器为主体的大规模社会化生产。18 世纪 60 年代开始的工业革命始于英国的纺织工业，毛纺织业的发展引发了圈地运动，改变了土地所有制，原有的自然经济遭到严重破坏，从而一举摧毁了小农经济和自给自足的生产方式。这不仅为大工业的产生扫除了传统习惯的阻力，而且圈地运动使得许多人失去了自己的家园，成为无业人员，为资本主义工业的生产提供了大量而丰富的劳动力资源。而之后蒸汽机的发明，为工业革命的爆发点燃了导火线。蒸汽机的广泛应用使机器大工业代替了手工业小作坊，大大促进了整个工业的发展，并且成为工业革命的推进器。

工业革命最早在英国出现，随后迅速扩散到欧洲，在 19 世纪中期美国南北战争结束后又传到美国。这一阶段，机器取代人力，大规模工厂化生产取代了个体手工生产，工厂制度带来了生产组织方式上的革命，出现了现代意义上的企业组织，也出现了对于管理活动的客观需求。首先，机器的使用使得低薪、无技术的工人能够操作机器，从而取代了那些手工制作产品的高薪、技术熟练的工匠。工人操作机器完成生产环节的一小部分，但管理者需要协调生产系统的不同环节，最大化整体产出。其次，大型工厂取代了小型手工作坊，数以百计甚至数以千计的人共同工作，管理者必须考虑如何建立规章制度，如何组织人数众多的员工，以适应组织规模的扩大。

二、管理思想的发展

随着工业革命以及工厂制度的发展，不少对管理理论的建立和发展具有重大影响的管理实践和思想应运而生。工业革命初期，蒸汽机发明者詹姆斯·瓦特（James Watt）和其合作者马修·博尔顿（Matthew Boulton）于 1800 年接管了父辈创办的铸造工厂，并进行了管理改革，主要有：(1) 在生产管理和销售方面，根据生产流程的要求，配置机器设备，编制生产计划，对市场进行研究和预测；(2) 在成本管理方面，建立起详细的记录和先进的监督制度；(3) 在人事管理方面，制订工人和管理人员的培训与发展规划；(4) 推行职工福利制度等。空想社会主义的代表人物之一，英国的罗伯特·欧文（Robert Owen）在 1800 年至 1828 年间进行了一系列的改进工作条件、改善工人生活状况的试验，开创了在企业中重视人的地位和作用的先河，对以后的行为科学理论产生了很大影响。英国的数学家和机械工程师查尔斯·巴贝奇（Charles Babage）是科学管理的先驱者，在 1832 年出版的《机器和制造业经济学》一书中，他对专业化分工、机器与工具使用、时间研究、分配制度等管理思想进行了论述，对后来古典管理理论的形成提供了思想基础。

当管理实践在英国繁荣一时之后，其中心随着工业革命移向美国。当时，美国规模最大的公司是铁路公司，由于开发西部的客观需要，铁路发展非常迅速，但是由于缺乏管理，问题很多，事故不断，效率极低。1841年10月5日，美国马萨诸塞州的两列火车发生对撞事故，造成近20人伤亡。为了平息公众的怒火，在马萨诸塞州议会的推动下，铁路公司不得不进行管理改革，老板交出企业管理权，只拿红利，另外聘请具有管理才能的人员担任企业领导。这是历史上第一次在企业管理中实现所有权和管理权的分离，这种分离使得具有管理才能的人掌握了管理权，直接为科学管理理论的产生创造了条件，为管理学的创立和发展提供了前提。也使社会出现了对职业管理者的需求，为此学校开始开办管理专业来满足这一日益增长的社会需求。

1853年，美国铁路管理者丹尼尔·麦卡勒姆（Danial C. McCllum）提出了岗位责任制、工作报告制和考核晋级制度等一系列铁路管理制度；长期担任《美国铁路杂志》编辑的亨利·普尔（Henry Poor）发展了麦卡勒姆的思想，提出建立组织分工系统，汇报通信系统，并制定严格的规章制度，以便使管理者能及时了解铁路运行情况，采取各种措施避免事故发生。

英国的管理实践集中于纺织业，而美国则集中于铁路，这充分说明了管理与经济发展的紧密关系。但是这一时期的管理实践往往是少数先驱者的个人尝试或思想，缺乏上升到理论层面的总结和传播。当时更多的企业是凭借企业主个人的经验和能力进行管理，管理实践还没有上升为一般性的、具有普遍意义的管理理论。

第二节 管理理论的出现

工业革命以来，随着管理经验的积累、职业经理层的出现，为管理理论的产生提供了前提条件。在这样的背景下，19世纪末20世纪初，美国出现了持续四五十年的社会性管理研究潮流，很多管理者和工程师认识到管理的重要性及其对经济发展的意义，致力于管理理论、规划和方法的研究，导致了管理理论的出现。通过在工业界的应用和传播，以科学管理为代表的管理理论在社会、公众中获得了广泛的认知，引起了人们思想上、观念上的转变。这一时期被人们称为"管理运动"，管理由此走上科学的轨道，发展为影响社会经济生活的完整理论，成为独立的研究领域。

随着科学管理思想的普及、劳动生产率的不断提高和生产技术的日趋复杂，生产专业化程度日益提高，劳资矛盾也随之恶化。如何协调劳资矛盾，进一步调动员工的积极性以提高劳动生产率的需求，以霍桑实验为代表的行为科学理论对此给出与科学管理不同的回答。

"二战"之后，资本主义生产力和生产关系有了新的发展，出现了众多的管理学派，管理理论空前繁荣，进入了"管理理论丛林"的阶段。

一、古典管理理论

古典管理理论（classical theory）的核心是寻找科学地管理劳动和组织的各种方法，

包括三个不同的理论学派：以泰罗为代表的科学管理理论、以法约尔为代表的一般管理理论和以韦伯为代表的科层组织理论。

1. 科学管理理论

弗雷德里克·泰罗（Frederick W. Taylor, 1856—1915），被称为"科学管理之父"，是科学管理理论（scientific management theory）的创始人。他从钢铁厂的学徒工开始，做过技术工人、工长、车间主任、工程师等职位，直至升任总工程师。由于长期在生产一线工作，泰罗对现场管理很熟悉，对当时工厂中普遍存在的生产效率低下、"磨洋工"等现象有切身体会与深刻了解。他认为，通过科学的管理可以避免"磨洋工"现象。通过在企业中的大量试验和实践，泰罗在《科学管理原理》一书中提出了科学管理原则。

泰罗的科学管理理论的主要内容可以概括为以下八个方面：

（1）工作定额。要制定出有科学依据的工人"合理的日工作量"，就必须进行时间和动作研究。方法是选择合适且技术熟练的工人，把他们的每一项动作、每一道工序所使用的时间记录下来，加上必要的休息时间和其他延误时间，就得出完成该项工作所需要的总时间，据此制定工人"合理的日工作量"，这就是工作定额原理。

（2）标准化。要使工人掌握标准化的操作方法，使用标准化的工具、机器和材料，并使作业环境标准化，这就是所谓的标准化原理。泰罗认为，必须用科学的方法对工人的操作方法、使用的劳动工具、工作时间的安排、作业环境的布置等进行全面的分析，消除不合理的因素，把各种最好的因素结合起来，形成一种最好的方法，这是管理当局的首要职责。

（3）差别计件工资制。为了鼓励工人努力工作，完成定额，泰罗提出新的报酬制度——差别计件工资制，即计件工资率随完成定额的程度而上下浮动。例如，如果工人只完成定额的80%，就按正常工资率的80%支付报酬，如果超额完成定额的120%，就按正常工资率的120%支付报酬。根据工人的实际工作表现而不是根据工作类别来支付工资。泰罗认为，这样做能克服消极怠工的现象，更重要的是能调动工人的积极性，从而促使工人大大提高劳动生产率。

（4）科学地挑选工人。为了提高劳动生产率，必须为工作挑选"第一流的工人"。泰罗认为，每个人都有不同的天赋和才能，只要工作对他合适，都能成为第一流的工人。因此，管理当局要根据每个人的能力把他们分配到相应的工作岗位上并进行培训，教会他们科学的工作方法，激励他们尽最大努力来工作。

（5）计划与执行分开。泰罗认为，应该用科学的工作方法取代经验工作方法。所谓经验工作法是指每个工人根据经验来决定用什么方法操作，使用什么工具等。泰罗主张明确划分计划职能与执行职能，由专门的计划部门来从事动作时间研究，制定科学的定额和标准化的操作方法及工具。现场的工人则按照计划部门制定的操作方法和指示，使用规定的标准工具，完成要求的定额，不得自行改变。

（6）劳资双方要进行"精神革命"。工人和雇主两方面都必须认识到提高效率对双方都有利，要相互协作，共同努力。雇主可以获得更多的利润，而工人则可以获得更高的工资，双方利益是一致的。泰罗曾指出，"一块经济利益的大饼，它的分享者之所以会不断地发生冲突，是因为其中一个分享者的份额如要有所增加，往往会损害到另一个分享者的份额"，但"如果能更加有效地使用资源使得整个经济物质和服务的供应有所增加，那么，大饼的分享者每个人的份额都可以不用争夺而有所增长"①。

（7）实行职能工长制。泰罗主张实行"职能管理"，即将管理的工作予以细分，每个管理者只承担其中的一两项管理工作。他认为，当时通常由1个车间工长完成的工作应该由8个职能工长来承担，其中4个在计划部门，4个在生产现场进行监督，每个职能工长只负责某一方面的工作，在其职能范围内可以直接向工人发布命令。

（8）实行例外原则。泰罗认为，规模较大的企业组织和管理必须应用例外原则。即企业的高层管理者把一般的日常事务授权给下级管理人员去处理，自己只保留对例外事项或重要问题的决策和监督。这一原则实际上为后来的分权化管理和事业部制提供了理论依据。

泰罗以自己在工厂的管理实践和理论探索，冲破了工业革命以来一直沿袭的传统经验管理方法，将科学引入了管理领域，提出系统的管理理论体系，这套体系被后人称为"泰罗制"。泰罗制在实践中取得了显著的效果，使企业的生产效率大幅提高，受到企业主的普遍欢迎。泰罗的科学管理理论在20世纪初得到广泛传播和应用，影响很大。在泰罗同时期，有许多人也积极从事科学管理实践与理论的研究，为科学管理做出了重要的贡献。其中比较著名的有吉尔布雷斯夫妇、亨利·甘特（Henry L. Gantt）、哈林顿·埃默森（Harrington Emerson）等。他们在许多方面不同程度地发展了科学管理理论和方法，被称为"科学管理学派"。

2. 一般管理理论

亨利·法约尔（Henri Fayol，1841—1925），法国人，大学毕业后进入一家大型矿业公司担任工程师，逐渐成为专业管理者，长期担任公司的总经理，在实践中逐步形成了自己的管理思想和管理理论。法约尔生前发表了一系列关于管理的著述，其中代表作是1916年出版的《工业管理和一般管理》，总结了他一生的管理经验和管理思想。法约尔的一般管理理论（General administrative theory）主要内容包括：

（1）企业的六项基本活动。法约尔指出，任何企业都存在六项基本活动，即技术、商业、财务、安全、会计和管理。在六项活动中，管理处于核心地位，即企业本身需要管理，其他五项属于企业的活动也需要管理。

（2）管理的五大职能。法约尔首次把管理活动划分为计划、组织、指挥、协调和控制五大职能，揭示了管理的本质，并对五大管理职能进行了详细的论述。后来许多管理学者按照法约尔的研究思路对管理理论深入研究，逐渐形成了管理过程学派，法约尔成为这一学派的创始人。

（3）管理的14条基本原则。法约尔认为，管理的成功不完全取决于管理者个人的管理能力，而是要灵活地贯彻管理的一系列基本原则，即劳动分工、权责相当、纪律严明、统一指挥、统一领导、个人利益服务整体利益、报酬、集权、等级制度、秩序、公平、人员的稳定、主动性、团结精神。

（4）管理教育。法约尔认为，人的管理能力可以通过教育来获得，当时之所以缺少管理教育是由于没有管理理论。为此，他提出了一套比较全面的管理理论，首次指出管理

---

① ［美］弗雷德里克·泰罗：《科学管理原理》（马风才译），机械工业出版社2013年版，第5页。

理论具有普遍性，可以用于各个组织之中。提出在学校设置这门课程，传授管理知识，并在社会各个领域宣传、普及和传授管理知识。

法约尔的贡献在于从理论上概括出一般管理的理论、要素和原则，他对管理五大职能的分析为管理学提供了科学的理论框架，来源于长期实践经验的管理原则给管理者以巨大的帮助。法约尔被认为是第一个概括和阐述一般管理理论的管理学家，为管理学的形成做出了卓越的贡献，因此被称为"经营管理之父"。现代社会中的许多管理实践和思想都可以直接追溯到一般管理理论的思想。

3. 科层组织理论

马克斯·韦伯（Max Weber，1864—1920），是德国著名的社会学家、古典管理理论的代表人物，著有《社会组织与经济组织》《新教伦理和资本主义精神》《一般经济史》等。韦伯在管理理论上的研究主要集中在组织理论方面，主要贡献是提出了所谓理想的科层组织体系理论。科层组织体系（Bureaucracy theory）通常还被译为官僚组织体系，是一种通过职位或职务，而不是通过"世袭"和"个人魅力"来进行管理的组织制度。

韦伯认为，等级、权力和科层制度是一切社会组织的基础。对于权力，他认为有三种类型：超凡权力、传统权力和法定权力。其中，超凡权力来源于别人的崇拜与追随，所谓的救世主、先知、政治领袖等往往被认为具有超自然、超人的权力。传统权力是传统惯例或世袭得来的，组织成员之间的关系是建立在个人关系、喜好偏爱、社会特权的基础之上。法定权力是法律规定的权力，只有它才能作为科层组织体系的基础。

韦伯理想的科层组织体系具有以下特点：

（1）明确的分工。每个职位的权利和义务都有明确的规定，人员按专业化进行分工。

（2）自上而下的等级系统。组织内的每个职位都处于上级的控制和监督下，每个管理者不仅要对自己的决定和行为负责，还要对下级的决定和行为负责。

（3）人员的任用。组织中的人员要完全根据职务的要求，通过正式考试和教育训练来任用。

（4）工资与升迁。按职位支付薪金，并建立奖惩与升迁制度，使组织成员能够安心工作。

（5）遵守规则和纪律。管理人员必须严格遵守组织中规定的规则和纪律以及办事程序。

（6）组织中成员之间的关系。组织中成员之间的关系以理性准则为指导，不受个人情感的影响。组织与外界的关系也是这样。

韦伯认为，这种高度结构的、正式的、非人格化的科层组织体系是达到目标、提高效率的最有效形式。它在精确性、稳定性、纪律性和可靠性方面都优于其他组织形式，能适用于所有的管理工作及当时日益增多的各种大型组织，如教会、政府机构、军队、政党、企业和各种团体。韦伯的理论对泰罗、法约尔的理论是一种补充，对后来的管理学者，尤其是组织理论学家有很大的影响，韦伯被后人称为"组织理论之父"。

二、行为科学理论

科学管理理论侧重于生产过程、组织控制方面的研究，较多强调管理的科学性、合理性、纪律性，把人看作是生产的机器。尽管在提高劳动生产率方面取得了显著的成绩，但由于它片面强调对工人进行严格的控制和动作的规范化，忽视了工人的社会需求和感情需求。引起了工人的强烈不满，导致怠工、罢工和劳资关系日益紧张。在这种情况下，科学管理已不能适应新的形势，需要有新的管理理论和方法来进一步调动工人的积极性，激发员工的士气从而提高劳动生产率。

在这样的背景下，一些学者开始从生理学、心理学和社会学等角度研究企业中有关人的一些问题，如人的工作动机、情绪、行为与工作之间的关系等，以及研究如何按照人的心理发展规律去激发其积极性和创造性，由此产生了行为科学理论（behavioral science）。行为科学研究始于20世纪20年代，早期被称作人际关系学说，后期发展为行为科学，即组织行为理论。

1. 霍桑实验

1924~1932年，由乔治·埃尔顿·梅奥（George Elton Mayo），负责在美国西方电气公司所属的霍桑工厂开展了一系列的实验，实验结果引发了对当时管理者许多管理观念的挑战，从而揭开了研究组织中人的行为的序幕，产生了人际关系理论。

最初，在霍桑工厂开展的实验是根据科学管理理论中关于好的工作环境可以提高工人的劳动生产率的假设，进行"照明的亮度同工业中效率的关系"的研究，试图通过照明强弱的变化与产量变化之间的关系来分析工作条件和劳动生产率之间的关系。结果却发现，工作条件和环境的好坏与劳动生产率的提高没有必然联系，反而与人的因素有密切关系。为了证实这一结果，梅奥等人陆续开展了较长时间的研究，结果表明：生产率不仅同物质实体条件有关，而且同工人的心理、态度、动机，同群体中的人际关系以及领导者与被领导者的关系密切相关。梅奥对其领导的霍桑实验进行了总结，于1933年出版了《工业文明中人的问题》，提出了与古典管理理论不同的新观点，主要归纳为以下几个方面：

（1）工人是"社会人"，而不是"经济人"。科学管理学派认为，金钱是刺激工人工作积极性的唯一动力，把人看作单纯追求经济利益的"经济人"。而梅奥认为，除了物质利益外，工人还有社会、心理方面的需求，因此不能忽视社会、心理因素对积极性的影响。

（2）企业中存在非正式组织。非正式组织是企业成员在共同工作的过程中，由于具有共同的社会感情而形成的非正式团体。这种无形组织有自己的规范、准则和领袖人物，会通过左右工人的工作态度来影响企业的生产效率。因此管理人员应该正视非正式组织的存在，分析其特点，利用非正式组织为正式组织的活动和目标服务。

（3）新型的领导通过提高工人的满足程度，来达到提高工作效率的目的。生产效率的高低主要取决于工人的士气，而士气则取决于他们所感受到的各种需要得到满足的程度。在这些需要中，金钱与物质方面的需要只占很少的比重，更多的是获取友谊、得到尊重等人际方面的需要。因此，管理人员要善于倾听和与下属进行沟通，了解他们的需求状况，包括心理和思想需求，以采取相应的措施，这样才能合理、充分地激励工人，达到提高劳动生产率的目的。

霍桑实验及其结论对管理理论的演进方向产生了重大而深远的影响，它改变了当时那种认为人与机器没有差别的流行观点，激起了人们重新认识组织中人的因素，使西方管理思想在经历了科学管理理论阶段之后进入了行为科学理论阶段。

2. 人际关系运动

霍桑实验之后，人们从各方面展开了对人的需要、动机、行为、激励以及人性的研究，形成了人际关系研究的热潮。其中，最主要的推动者是马斯洛和麦格雷戈等人。亚伯拉罕·哈罗德·马斯洛（Abraham Harold Maslow）是著名的心理学家和行为科学家，他于1943年在《人的动机理论》一书中提出了需要层次理论，对人际关系运动做出了重大贡献。他认为人有各种各样的需要，管理者可以据此激励员工的行为。在此基础上，人们又提出了各种各样的激励理论。

道格拉斯·麦格雷戈（Douglas M. McGregor）是美国著名的行为科学家，曾先后在哈佛大学和麻省理工学院从事心理学的教学工作。他在1957年发表的《企业的人性面》一文中提出了著名的"X-Y理论"，认为管理者对员工有两种不同的看法，相应地他们会采取两种不同的管理方法。这些理论向古典管理理论和早期人际关系理论有关人类行为的假设提出了挑战。

3. 后期的行为科学

在1949年美国芝加哥的一次跨学科会议上，首次提出使用"行为科学"这个名称来囊括有关企业人性方面的研究。1953年，福特基金会、洛克菲勒基金会和卡内基基金会相继拨款支持行为科学方面的研究，并正式创办《行为科学》杂志。自此以后，许多管理学家、社会学家、心理学家从人类行为的特点、行为的环境、行为的过程以及行为的原因等多种角度展开了对人的行为的研究，形成了一系列的理论，使行为科学成为现代西方管理理论的一个重要学派。理论研究的发展反过来又促进了企业管理人员重视人的因素，强调人力资源开发，注意改善人际关系，注意组织的需要与其成员的需要协调一致等。

从行为科学研究对象涉及的范围来看，基本可以分为以下三个层次：

（1）个体行为理论：有关需要、动机和激励的理论；有关人的特性的理论。

（2）群体行为理论：有关群体动力的理论；有关信息交流的理论；有关群体及其成员相互关系的理论。

（3）组织行为理论：有关领导行为的理论；有关组织变革与发展的理论。

行为科学管理的特点在于改变了人们对管理的思考方法，把人看作宝贵的资源，强调从人的作用、需求、动机、相互关系和社会环境等方面研究其对管理活动及其结果的影响，研究如何处理好人与人之间的关系、协调人的目标、激励人的主动性和积极性，以提高工作效率。

三、现代管理理论

第二次世界大战之后，随着科学技术的迅速发展，企业规模不断扩大，生产社会化程度日益提高，环境已经成为管理中不可忽视的重要变量。企业不仅要考虑自身条件的限制，还需要研究环境的特点及要求，提高对外部环境的适应能力。为了应对管理实践的这一变化，许多学者包括数学家、社会学家、心理学家、统计学家等从不同的背景、角度，基于自身的专业，用不同的方法对管理问题开展研究，这一现象带来了管理理论的空前繁荣，形成了众多的管理理论学派。美国著名的管理学家孔茨将这些学派形象地描述为

"管理理论丛林",具体的一些代表性理论见表2-1。

表2-1　　　　　　　　　　　　　现代管理理论

管理理论学派	特征与贡献	局限性	代表人物
经验主义学派	通过案例研究经验,确定成败要素	环境可能不同;目的不在于确定一些原则;发展管理理论的价值不同	彼得·德鲁克、阿尔弗雷德·斯隆等
权变理论学派	管理活动取决于环境	管理人员早已认识到做任何事情都不会有最佳方法	弗雷德·卢桑斯、弗雷德·菲德勒
管理科学学派	管理工作被看成是数学过程、概念、符号和模型,把管理看成是一种纯粹的逻辑过程,用数学符号和数学关系来表示	首先需要建立数学模型;管理工作的许多方面并不能模型化	埃尔伍德·斯潘塞·伯法
社会系统学派	把人际关系和群体行为两个方面引导到一个协作系统,把概念扩大到任何一个具有明确目的的协作群体	对于管理研究的范围过于宽泛;忽视了许多管理概念、原则和方法	切斯特·巴纳德
系统管理学派	系统有边界,但与外部环境存在互动关系;认识到研究一个组织和许多子系统内的计划、组织和控制的内部关系的重要性	很难被认为是新的管理方法	弗里蒙特·卡斯特、詹姆斯·罗森茨韦克
决策理论学派	强调决策的制定,做决策的人或群体以及决策过程	管理工作远远超过决策工作量	赫伯特·西蒙

资料来源:参见海因茨·韦里克、马春光、哈罗德·孔茨,《管理学精要:国际化视角》(第7版),机械工业出版社2010年版,第8页,作者有修改。

第三节　管理理论的新发展

进入20世纪80年代以后,随着信息技术的迅猛发展,知识经济的出现,以及国际经济逐步走向一体化,管理环境发生了重大变化,在这样的形势下,出现了一些新的理论与视角。

一、企业文化理论

企业文化理论(corporate culture)形成于20世纪80年代,是由实践引出理论探讨的。20世纪70年代,遭遇石油输出国组织石油提价的西方国家陷入能源危机,这场危机对美国企业界产生巨大影响,美国产品竞争力下降,使得国外市场萎缩,企业开工不足,工人失业率提高,国内市场竞争激烈,通胀率提高,经济处于停滞状态,不得不实行贸易保护政策。而大洋彼岸的日本,尽管本国资源奇缺,经济几乎完全依赖国际市场,但能源危机并没有使国民经济停顿,日本企业界反而发展出节约能源的消费产品,在汽车、电子等行业的飞速发展让西方国家震惊,日本也在 70 年代末一跃成为世界第二大经济强国。这种鲜明的对比极大地刺激了美国管理学者和实践界研究日本、反思自我的热情,企业文化理论正是在这种背景下提出的。1981～1984 年相继出版了多部研究企业文化的著作,如威廉·大内(William Ouchi)的《Z 理论——美国企业如何迎接日本的挑战》、理查德·帕斯卡尔(Richard T. Pascale)和安东尼·阿索斯(Anthony G. Athos)的《日本企业的管理艺术》、特伦斯·迪尔(Terrence E. Deal)和艾伦·肯尼迪(Allan A. Kennedy)的《企业文化》、汤姆·彼得斯(Tom Peters)和小罗伯特·沃特曼(Robert H. Waterman)的《追求卓越》等。

通过对日美企业管理的比较研究,美国学者发现在组织结构、制度、战略等硬要素方面日美企业差异不大,日本企业成功的奥秘在于领导方式、价值观、对人的重视、集体决策等软要素。与欧美企业中企业与员工之间独立平等而经济上单纯交换和雇佣性关系完全不同,日本企业就像一个大家庭,员工如同大家庭的成员,对企业保持着一定的人身依附关系。员工享有终身雇佣、缓慢的晋升和评价、集体决策与集体负责、较平均的分配制度、用职务轮换以培训通才为目标的骨干培养路线、来自组织的全面关怀等做法和政策,都反映了这种文化特色。在比较研究和大量企业调研的基础上,学者们对企业文化理论进行了整理和总结,主要内容如下:

(1) 企业文化是为全体员工共同遵守,但往往是自然约定俗成而非书面的行为规范,并有各种各样的仪式和习俗来宣传、强化这些价值观念。企业文化之间的差异是造成绩效不同的重要原因。

(2) 企业文化包括精神文化、制度文化和物质文化三个层次,其中精神文化是核心。精神文化表现为一系列明确的价值和行为规范、道德准则以及清晰的信念;制度文化表现为组织的结构形态、规章制度、奖惩方式以及信息沟通渠道等内容;物质文化表现为可以观察到的组织环境、员工和管理人员行为等表层形象。

(3) 企业文化的功能主要体现在导向功能、凝聚功能、约束功能、激励功能和辐射功能。这五种功能是以文化的形式潜移默化地起着作用,员工在这种文化氛围中自觉地调整自己的行为,表现出符合组织要求的积极行为。正因为如此,企业文化具有其他管理手段难以达到的巨大作用。

二、流程再造理论

20 世纪 80 年代以来,信息技术革命使企业的经营环境和运作方式发生了很大的变化,而西方国家经济的长期低增长使得市场竞争日益激烈,企业面临着在低速增长时代增强自身竞争力的严峻挑战。在这种背景下,结合美国企业为应对来自日本、欧洲企业的威胁而展开的实际探索,美国管理学家迈克尔·哈默(Michael Hammer)和詹姆斯·钱皮(James A. Champy)在 1993 年出版了《企业再造》一书,提出了企业流程再造理论。他们通过对企业的考察发现,在许多公司从事的具体工作中,"有许多是跟满足客户需要——生产的产品质地要优良、供应的价格要公道、提供的服务要优质——风马牛不相及的。他们的许多工作纯粹只是为了满足公司内部的需要。"因此，哈默和钱皮提出，为了能够适应新的充满竞争和变化的环境，企业不适宜根据亚当·斯密（Adam Smith）的劳动分工理论去组织自己的工作，必须摒弃已成惯例的运营模式和工作方法，以工作流程为中心，重新设计企业的经营、管理及运营方式，即进行流程再造。

企业流程再造（business process reengineering）是指为了获取可以用诸如成本、质量、服务和速度等方面的绩效进行衡量的显著的成就，对企业的经营过程进行根本性的再思考和关键性的再设计。其具体实施过程包括以下几项主要工作：

（1）对现有流程进行全面的功能和效率分析，以发现现有流程中各活动单元及其组合方式上存在的问题。

（2）改进相关单元的活动方式或单元之间关系的组合方式，设计流程改进的方案。同时，制定与流程改进方案相配套的组织结构、人力资源配置和业务规范等改进计划，形成系统的企业再造方案。

（3）组织流程改进方案的实施，并在实施过程中根据经营背景的变化组织企业流程的持续改善。企业活动及其环境是动态变化的，因此企业再造或流程重组将是一个持续不断的过程。

企业流程再造理论在欧美企业中得到了高度重视，被迅速推广，带来了显著的经济效益，涌现出大批成功的范例。管理研究领域也相当关注这一理论，相当多的学者加入到流程再造的研究中来，论证流程再造与价值创造、经营绩效改进之间的逻辑关系，研究流程再造实例，寻求更好的流程管理方法等。作为组织设计工具，流程再造带来了巨大的收益，但也招致了一些批评，主要由于流程再造使少数人能够完成以前大多数人做的事情，造成了公司削减成本和裁员，妨碍了士气和绩效。后来，流程再造的提出者汉默和钱皮也承认70%的再造项目由于忽视工作场合中人的影响而失败了。

三、学习型组织

20世纪90年代以来，知识经济的到来使信息和知识成为重要的战略资源，相应地诞生了学习型组织理论。1990年，管理学家彼得·圣吉（Peter M. Senge）出版了《第五项修炼——学习型组织的艺术与实务》。在这本著作中，圣吉认为"在全球的竞争风潮下，人们日益发现21世纪成功的关键，与19世纪和20世纪成功的关键有很大的不同。在过去，低廉的天然资源是一个国家经济发展的关键，而传统的管理系统也是被设计用来开发这些资源。然而，这样的时代正离我们而去，发挥人们创造力现在已经成为管理努力的重心。"[①] 因此他提出学习型组织理论，并指出学习型组织是21世纪全球企业组织和管理方式的新趋势。

学习型组织（learning organization）是指通过培养弥漫于整个组织的学习气氛，充分发挥员工的创造性思维能力而建立起来的一种有机的、高度柔性的、扁平化的、符合人性

---

① ［美］彼得·圣吉：《第五项修炼：学习型组织的艺术与实践》（张成林译），中信出版社2018年版，第19页。

和能够持续发展的组织。这种组织具有持续学习的能力，具有高于个人绩效总和的综合绩效。建立学习型组织，需要进行五项修炼，即自我超越、改善心智模式、建立共同愿景、团队学习、系统思考。其中系统思考是五项修炼中的核心。

（1）自我超越。自我超越是学习型组织的精神基础，组织成员必须学习不断理清并加深个人的真正愿望，集中精力，培养耐心，并客观地观察现实。

（2）改善心智模式。心智模式是指根深蒂固于个人或组织之中，影响人们如何认识周围世界以及如何采取行动的许多假设、成见和印象。改善心智模式就是要学习改变自己多年来养成的思维习惯，强制和约束自己，以开放的心灵容纳别人的想法。

（3）建立共同愿景。共同愿景是指能鼓舞组织成员共同努力的愿望和远景，或者说是共同的目标和理想。建立共同愿景的关键是要能够将组织中个人的愿景整合为组织的共同愿景，这样才能使员工主动而真诚地奉献和投入，形成不断进步的合力。

（4）团队学习。团队学习就是组织化的学习或交互式的学习。通过团队学习，可以充分发挥整体协作的力量，形成高于个人力量之和的团队力量，达到运作上的默契并形成团队意识，唯有团队成员一起学习、成长、超越和进步，才能让组织持续创造佳绩。

（5）系统思考。系统思考是五项修炼的核心，它要求人们运用系统的观点来看待组织的生存和发展。在现有的不少组织中，大多数人把自己的眼光局限于本职工作，固守经验，一旦出现问题就常常归罪于其他部门，缺乏进行整体思考的主动性和积极性。系统思考就是要培养人与组织进行系统观察、系统思考的能力。

学习型组织理论认为，21世纪最成功的企业将是学习型组织，因为未来唯一持久的竞争优势，就是要有能力比你的竞争对手学习得更快。注重学习而且善于学习，可以使我们及时察觉可能发生的变化或迅速了解正在进行的变化，在变化来临之前或在变化过程中做好应变准备，从而适应不断变化的环境并在变化过程中不断增强自己的竞争优势。

四、21世纪管理的发展趋势

信息技术的发展将冲击传统管理规则。信息技术的发展正在改变着人类的生活方式。信息时代与工业时代不同，它没有带来有形产品，但它带来的是无形的存在物，即用来搜集、分析、传输和综合处理信息的才智和能力，其结果是新公司和新产业，如互联网公司、人工智能、电子商务等的诞生。在工业化时代，企业得以繁荣发展是因为它们能够得到并利用原材料、拥有标准化产品和服务及大批量生产能力。而随着科技的进步，产品变为商品的速度大大加快，新产品一旦问世，几个月甚至几天内具有类似特性的无牌产品立即会出现在市场上。对于生产者来说，只能利用品牌等无形资产，才能将自己与其他竞争者相区别，并以较高的价格出售商品。这意味着，在21世纪最有价值的商品是无形资产，而不是有形资产，有形资产只不过是无形资产的载体而已，无形资产成为现代企业管理的重要内容之一。

信息技术的发展使组织之中以及组织之间的信息处理方式发生了翻天覆地的变化。未来组织的管理模式必然随之发生变化，各种具有适应性的网络型组织可能会替代传统的金字塔形组织。信息社会要求企业必须及时高效地运作，在网络型组织中，企业仅保留具有核心竞争力的部门，大部分工作由其他企业或临时性的职能工作团队完成；决策主要由基层做出，依靠技术手段，基层的知识型员工可以获得丰富的信息，不必再等上级管理者的指示就可以自己做出判断；按照客户的要求提供个性化定制生产或服务，即时生产技术取代以前的批量流水线作业，生产过程将变成公司、合作伙伴与顾客之间同时互动的过程；非正式组织将在网络组织中发挥主导作用，权威的建立更大程度上取决于个人的品质、专长和创造性而不是正式职位；这种结构的最大特点在于它能充分发挥个人的能力，同时组织具备快速反应的能力。

网络式结构使组织具有高度的灵活性和对环境更好的适应性，但同时也带来了个人决策和能力的控制问题，一旦失控，对企业可能会产生灭顶之灾。巴林银行的倒闭就是一个典型的例子——一个证券经纪人就搞垮了一个全球性的大型银行。从这一点来看，网络型组织的管理必然会与传统组织管理有所区别，管理手段和管理职能的内涵都有可能发生变化。

管理理论和实践随着社会的发展而发展，一定的管理理论反映了当时所处的社会环境的客观要求。环境的变化是永恒不变的真理，而且只要环境在变，管理理论和实践就在不断地创新以适应不断变化的环境。可以预言，在未来管理的发展中，新的管理理论还将会被不断地提出，创新将成为管理理论发展的主旋律。

本章小结

科学管理是冲破了工业革命以来一直沿袭的传统经验管理方法，将科学引入了管理领域，提出系统的管理理论体系，标志着管理理论的出现。

行为科学理论是从生理学、心理学和社会学等角度研究企业中有关人的一些问题，目的是提高劳动生产率。

现代管理理论是"二战"后出现的从不同的背景、角度，基于自身的专业，用不同的方法对管理问题开展的研究，管理理论达到空前繁荣，形成了众多的管理理论学派。

20 世纪 80 年代以后，随着管理环境的变化，一些新的理论与视角不断涌现，主要包括企业文化理论、流程再造理论和学习型组织理论。

进入 21 世纪后，信息技术的发展对传统管理规则形成冲击，未来组织形式与管理方式将面临挑战。

管理理论随着社会经济发展和环境的变化而变化，这是近百年来管理理论和实践发展的一般规律。

重要术语

工业革命　　科学管理　　行为科学　　现代管理理论　　企业文化　　流程再造
学习型组织　　网络组织

第三章

人才培养与就业方向

【学习目标】

通过本章的学习,了解工商管理专业的人才培养模式和未来的就业方向,掌握工商管理专业的能力要求,了解本专业的课程设置情况,为后续的学习奠定基础。

【引导案例】

欧莱雅:全球在线商业策略竞赛

欧莱雅全球在线商业策略竞赛是一项始于2001年的全球规模最大的在线商业策略竞赛,也是世界上唯一一项面向全球大学生的商业策略竞赛,吸引众多国内外商学院及大学生们的积极参与。

比赛模拟新经济环境下国际化妆品市场的现状,结合商业竞争的各主要要素,让每一位渴望成为未来企业家和职业经理人的大学生有机会在虚拟但又近乎现实的网络空间里,以总经理的身份运营一家化妆品公司,与另外四家虚拟化妆品公司进行市场领导者的竞争。大学生可以通过运用他们的专业知识和技能,管理和运行一个企业,并根据竞争状况对本公司的主要产品在研发、预算、生产、定价、销售、品牌定位和广告投入等方面做出全方位的战略性决策。比赛共分为六轮,在前五轮,每支参赛队伍与网上虚拟的对手进行角逐,以公司的股票价格高低排定名次,排名靠前的250支队伍进入半决赛,这些队伍将进行第六轮比赛,并提交一份详尽的商业策略书。根据最后一轮的比赛结果和商业策略书的成绩,产生全球各赛区的冠军队伍。每个赛区的第一名去巴黎欧莱雅总部参加总决赛,向公司的高级管理人员组成的评审团推销本队的"公司"。

经过多年的发展,这项赛事已经成为欧莱雅集团全球招聘策略的一个重要组成部分。在比赛中表现出来的创新精神、参与比赛的人才的多样性正是欧莱雅所需要的,通过商业策略大赛这种形式,欧莱雅建立了一个丰富的人才资源库,以保证公司能够持续地招募到全球的优秀人才。

资料来源:根据网络公开资料编写。

▶ 第一节 工商管理专业能力要求

一、工商管理专业人才培养目标

1. 人才培养目标

为了满足各行各业、各个社会层次的人才需求和不同年龄层次受教育者的学习需求,为社会培养所需要的合格人才，学校需要首先制定培养目标。所谓培养目标，是指依据国家的教育目的和各级各类学校的性质、任务提出的具体培养要求。培养目标的制定以教育目的为出发点，并将教育目的具体化。教育目的是针对所有受教育者提出的，而培养目标需要针对特定的教育对象而提出。

培养目标在制定的过程中需要服从和服务于特定社会领域和特定社会层次的需要，同时也受教育对象所处的学校类型、级别等的影响。我国普通高等教育分为研究生教育、本科教育和专科教育等层次，其中研究生教育又分为博士和硕士两个层次。不同层次的高等教育对人才培养的要求是不一样的。例如，本科教育的培养目标是较好地掌握本专业的基础理论、专业知识和基本技能，具有从事本专业工作的能力和初步的科学研究能力；对硕士研究生的要求是掌握本专业坚实的理论基础和系统的专门知识，具有从事科学研究和独立担负专门技术工作的能力；而博士研究生则要掌握本学科坚实宽广的理论基础和系统深入的专门知识，具有独立从事科学研究的能力，在科学或专门技术上做出创造性成果。

2. 工商管理专业人才培养目标

工商管理专业的应用性很强，主要包括企业的经营战略制定和内部行为管理两个方面，目标是依据管理学、经济学的基本理论，通过运用现代管理的方法和手段来进行有效的企业管理和经营决策，保证企业的生存和发展。从总体上来看，本科阶段工商管理专业的人才培养目标为培养德、智、体、美全面发展，具备人文、科学素养，拥有数学与英语基础，具有较强的工商管理专业知识、思维、能力与素质，能在企事业单位及政府部门从事管理以及教学、科研方面工作的工商管理学科的高级专门人才。

具体来说，作为工商管理专业的本科生，通过大学四年的学习需要具备创新精神和实践能力，具有较高的英语和计算机应用能力，较深入地掌握工商管理的专业基础理论以及管理实践的方法与技巧，具备专业基本素质，适应新经济、知识经济、经济全球化和国际化要求，面向国际、国内人才市场需求的，能够从事企业管理策划、咨询、教学和培训等的高级管理人才。从实践来看，工商管理专业的本科毕业生大多在毕业后首先从事一些企业的常规性管理工作，依托在学期间的能力培养，借助在企业内部的学习和实践锻炼，经过 3~5 年能够逐渐成长为企业的中高级管理人员和决策者。

二、工商管理专业学生的能力要求

管理人员所具备的职业能力直接影响企业管理的水平和质量，进而影响企业的长远发展。鉴于此，有必要对工商管理专业人员应具备的能力进行全面分析，从而为工商管理专业学生未来的学习指明方向。目前，从宽泛的角度来看这些能力主要包括以下几个方面：

（1）马克思主义和中国特色社会主义科学理论知识。包括掌握马克思主义科学理论基础知识；掌握中国特色社会主义科学理论基础知识和基本原理。

（2）学科基础知识、基本理论及专业领域知识。包括掌握工商管理学科专业知识和理论；熟悉应用经济学等相关专业基础知识和基础理论；掌握财务、营销、运营等职能管理的基础知识和理论；掌握全球化、互联网经济背景下企业运营的规则和知识；掌握工商管理工作中基本的管理方法和分析工具。

（3）知识应用能力。包括具有综合应用管理学知识解决工商企业运营管理现实问题的能力；具有定量/定性分析管理决策问题的能力；具有企业内部管理业务操作的能力；具有行业、市场分析与开发的能力；具备综合运用专业知识和分析方法撰写学术论文、研究报告、案例分析或调研报告等的能力。

（4）学习能力。包括掌握有效获取、加工、利用信息的方法；具有追踪本学科的理论前沿和发展动态的能力；掌握恰当的可拓展学习方法与技巧；具备自主学习和自我提升的能力；掌握文献检索、资料查询的技巧与方法；熟练使用统计调研基本方法和软件的能力。

（5）思维能力。包括具有战略视野和问题意识，能多角度辩证提出见解的能力；具有逻辑推理、独立思考判断的能力；具有创新思维及思维拓展能力。

（6）沟通与合作能力。包括具有运用母语及至少一门外语进行阅读、会话、写作的语言能力；具有团队交流协作能力及策划、组织、协调能力。

（7）职业道德与社会责任感。包括具有规则与法治意识，诚信自律；具有正确的伦理道德价值观能够辨别道德问题并做出正确的回应；具有国家意识和文化自信；尊重世界多元文化，具有全球意识。

（8）健全人格和健康体魄。包括具有积极健康的心理品质和调节管理情绪的能力；具有健康生活，提升自身运动方法和技能的能力。

第二节　工商管理专业课程设置

一、课程结构

工商管理专业课程的设置，应紧紧围绕工商管理人才的培养目标和指导思想。在设计课程体系时不能狭隘，要考虑扩大学生的知识面、开阔其视野；而且既要涵盖基础管理知识，还要注重文理兼备和哲学、美学等相关的知识素养的培育。通过构建课程群，从更为立体的角度来实现人才培养目标。通过对国内外工商管理专业培养方案的考察，发现其课程体系主要由公共基础课、学科基础课、专业方向课和任意选修课四个模块构成。

1. 公共基础课

公共基础课，一般包括写作课、外语课、数学课、计算机课和体育课。这些课程都属于"基础技能课"，不属于专业课，是任何专业都应具备的基础技能和素养。如写作课程，在国外大学中是开设比较多的一门基础课，例如哈佛大学开设的英文写作课（expository writing）是本科生唯一的必修课，麻省理工学院开设了不止一门的写作课。而国内大学在这方面是比较欠缺的。虽然大部分高校都开设了大学语文课，有些学校还开设了公文写作课，但对于写作课的真正目的尚未把握清晰。写作课程的教学目标应该是使学生能够写出有逻辑、有观点、有论据的短文、总结、调查报告、备忘录等，供组织管理层、政府部门领导、专业人士和普通大众来阅读，教学的重点应是教会学生逻辑思维和对论点证据的组织以及各种体例范式，而非辞藻的华丽。

对于我国的高校而言，公共基础课中还包括国家统一要求的思想政治理论课，包括思想道德修养与法律基础、中国近代史纲要、马克思主义基本原理、毛泽东思想与中国特色社会主义理论体系概论这4门课，共计14学分。为了适应现代社会、经济发展对工商管理专业人才多方面的能力要求，综合素质高的复合型人才培养模式正在形成。在这一模式中，通识教育正在逐渐取代专才教育，公共基础课作为其中的基础，在整个人才培养体系中占据十分重要的位置。

2. 学科基础课

学科基础课一般是指工商管理学科的核心基础课程，其设置的目的在于提升工商管理专业人才培养质量，也是类似于AACSB等国际认证的关键考察要素之一。经过多年来对工商管理专业人才培养经验的凝练，只有借助严格的工商管理学基本训练，才能使学生真正领悟现实商业环境，增强其应用能力。为此，一般高校在工商管理专业的学科基础课中会开设微观经济学、宏观经济学、管理学、财务会计、管理会计、市场营销、金融学、运营管理、投资学、公司金融、信息管理等。这些课程的设置不仅是国际认证中的重点课程，而且有助于工商管理专业人才培养目标的实现。

3. 专业方向课

专业方向课一般是按照工商管理学科各专业的要求和特点来设置的，通常又分为专业必修课和专业选修课。纵观国内的工商管理专业，其在课程设置上普遍存在一个现象，就是必修课程较多，而选修课程相对较少，给予学生的选择空间和余地较小。目前，已经有越来越多的高校开始探索大类招生的模式，即学生在进入大的学科门类后，经过一年的学习再选定具体的专业方向。为了让学生能够在入学第一年对学科内的各个专业方向有一个更清晰的认识，一些院校借鉴国外高校的经验，通过增加专业选修课程，给学生提供更多的学习和选择机会。对于工商管理专业而言，学生在完成学科基础课的基础上，通过学习专业必修课和选修课，拓宽自己的知识面，同时发现和了解自己的特点和专长，选择一个真正适合自己的专业方向。

4. 任意选修课

任意选修课一般为学校各院系开设的可供学生选修的课程。学生在满足工商管理专业必要的课程学习的基础上，可以依据自己的兴趣爱好来选择任意选修课程，在更多维的层面上提升自身的素质和能力。任意选修课与思想政治理论课和基本技能课程一样，都属于通识教育课的范畴。

所谓通识教育，其实是为了实现一般意义上本科人才培养目标而开展的基础性教育。为了培养和造就有素养的现代文明人，高校需要在人文、社会科学和自然科学等基础学科中开设一些基本的课程，通过较为系统的学习，夯实学生的人文、科学素养。例如，哈佛大学要求本科生的八组通识课程包括审美与解释理解、文化与信仰、道德推理、经验推理、国际社会、世界中的美国、物质科学、生命科学；加州州立大学伯克利分校同样要求了八组，即美国文化、艺术与文学、历史、哲学与价值、社会与行为科学、国际研究、物质科学、生命科学。

二、实践参考

随着全球化进程的不断加快,工商管理教育所需要适应的环境变得越来越复杂、越来越多元化。为此,工商管理教育的改革已经迫在眉睫,只有不断迎合外部市场的需求,着力培养学生的经营能力、沟通能力和创新能力,使之最终成为具有计划、组织、领导和控制等综合管理能力的高级管理人才,才是工商管理专业能够生存,并最终实现发展的关键。下面将结合几所高校的实践经验,来了解目前国内高校工商管理专业课程设置的现状。

1. 西交利物浦大学西浦国际商学院

西浦国际商学院成立于 2013 年,隶属于西交利物浦大学,旨在成为融合东西方优秀教育传统的商科教育实践。西浦国际商学院已跻身全球精英商学院行列,获得了全世界商学院的最高成就——国际高等商学院协会 AACSB 认证。目前,西浦国际商学院不仅是全球获得该认证的最年轻的商学院,而且也是国内高校合作办学中的一个成功标杆,值得其他高校学习借鉴。

作为西浦国际商学院本科专业之一的工商管理专业,旨在培养学生丰富而全面的商业管理知识与技能,学校基于英国利物浦大学的人才培养目标及课程体系,为学生提供了大量的共享课程及选修课程,从而使学生学习到包括营销管理、人力资源管理、会计、金融以及运营管理在内的全面的商业知识。

学生在入学第一年会接触到的是众多基础课程、语言课程以及与专业学习相关的核心技能学习。学生将会被划分为不同的专业集群,进行选修课及专业集群相关内容的学习。可供学生选择的选修课类型包括:计算机技能、实用化学、社会科学入门、国际关系、中国与世界、莎士比亚学习、商务基础、建筑展示与沟通、城市想象、生活核心技能等。第二学年学生将学习专业核心课程以获得扎实的工商管理知识基础,包括组织与管理学导论、定量分析法、市场营销基础、财务会计和会计责任概论、管理会计概论、商业和市场中的经济学原理、人力资源管理概论、运作管理原理。第三学年的核心课程包括职业技能和实时商业案例、企业理论、企业社会责任、国际商务、商业法和劳动法、金融学概论;选修课程包括市场研究、服务营销、国际发展、创业课程等。第四学年的核心课程包括毕业论文、战略管理和商业政策、心理决策方法、领导力、管理沟通;选修课包括营销战略、电子商务模式与战略、国际经济关系等。

从西浦国际商学院工商管理专业的课程设置来看,基本涵盖了通识教育课程、学科基础课和专业必修、选修课程,体现了国外知名大学课程体系设置的特点,为国内高校学习借鉴提供了很好的模板。

2. 上海财经大学商学院

上海财经大学(以下简称"上财")从 2011 年开始实施新的本科生培养计划方案,其核心内容就是在保持原有教学计划基本结构不变的前提下,参照国际一流商学院人才培养模式,结合我国国情和上海财经大学特色及学生的数理素质优势,调整学科平台课程和专业课程内容,加强现代经济管理、数学和统计分析方法、计算机编程、商业沟通和领导力提升，以及商学专业知识的系统学习和训练，致力于培养具有全球视野的优秀商科毕业生。

在公共基础课的设置中，上财针对学生数理素质较高的优势，将原先 8 学分的"高等数学 B 级"调整为 10 学分的"高等数学 A 级"或"数学分析"，并要求开设单独的习题课，列入教学计划。这一调整充分考虑了相关专业及学院的诉求，为上财培养具备较强数理技术方面特色的人才方案的实现奠定了坚实的基础。除此以外，上财还将原先商学院和经济学院共用的学科基础课程进行了拆分，调整为商学学科基础课和现代经济学学科基础课两个平台。其中，商学学科基础课为 17 门课 47 学分，包括线性代数、经济法概论、政治经济学、微观经济学（中级）、宏观经济学（中级）、数理统计、运营管理、信息管理、公司金融和投资学等课程，充分体现了上财对经济学理论，尤其是微观经济理论基础的坚实训练。

在新的商学学科平台课的基础上，上财进一步凝练和精简专业课，增加选修课的学分。在新的培养方案中，专业方向必修课原则上设置为 12 学分，另外设置 9 学分的专业选修课和 17 学分的任意选修课。特别值得指出的是，为了提高学生的书面写作和口头表达能力以及领导力，参照国内著名商学院的做法，上财增设 2 学分的任意选修课"商务沟通与领导力开发"。

3. 天津财经大学的实践

工商管理专业是天津财经大学最早建立的四个专业之一，其前身是企业管理系的企业管理专业。自 1980 年在天津市第一批招收企业管理本科专业学生以来，企业管理专业先后经历了被国家确定为硕士点（1983 年），成为全国 56 所高校招收工商管理硕士（MBA）点之一（1997 年），更名为工商管理专业（1999 年），被国家确定为博士授权点（2003 年），被确定为一级博士授权点并成为博士后流动站（2005 年），形成了博、硕、本并存的多梯队的专业人才培养体系。

2016 年，天津财经大学为了全面提升人才培养质量，开展了人才培养方案的修订工作，调整后的人才培养方式突出了对学生实践与创新能力的培养。在学校总体工作方案的指导下，针对原有培养方案在总体设计、课程体系设计、实践教学方面的问题，工商管理专业重新对人才培养方案中的课程体系进行了调整，调整后的课程体系分为必修课、选修课两类，包括通识教育课程 19 门（其中必修课 15 门、选修课 4 门）；专业课程 29 门，包括学科基础课程 10 门（其中必修课 6 门、选修课 4 门）和专业课程 19 门（其中必修课 11 门、选修课 8 门）；实践与创新教育课程 15 门（其中必修课 10 门、选修课 5 门）。总体来看，选修课占到了总课程数量的 33%，实践与创新教育课占到了总课程数量的 23.8%。

在此次人才培养方案的调整中，工商管理专业进一步扩展了"对内懂运营，对外懂营销"这一专业特色的内涵和外延，以课程群为载体，丰富了现有的课程体系。特别是结合工商管理专业知识、能力、素质要求，对课程体系进行了重新的规划，形成了课程体系与知识、能力、素质相结合的矩阵，力求通过课程的学习，达到能力提升与素质养成的实现。

从目前的课程体系设置来看，课程与毕业生知识、能力、素质要求的对应关系矩阵将课程与毕业生知识、能力、素质要求相关联。其中，为了使学生能够掌握工商管理学科专业知识和理论，开设了管理学原理、战略管理、运营管理、组织行为学、人力资源管理、公司治理、创新管理、会计学、财务管理以及市场营销等专业课程；为了使学生熟悉应用经济学等相关专业基础知识和基础理论，开设了微观经济学、宏观经济学、金融学和经济博弈论等课程；为了使学生掌握工商管理工作中基本的管理方法和分析工具，除了在相关的专业课程中加以介绍外，还开设了微积分、线性代数、概率论与数理统计、运筹学等基础学科的课程。对于学生综合应用管理学知识解决工商企业运营管理现实问题的能力，定量/定性分析管理决策问题的能力，企业内部管理业务操作的能力，行业、市场分析与开发的能力，综合运用专业知识和分析方法撰写学术论文、研究报告、案例分析或调研报告等能力的培养，在核心专业课中也都相应有所体现。

除此以外，通过对人才培养方案的调整，不仅规范了现有的实践与创新教育课程体系，在保留了原有学年论文、毕业实习与毕业论文的基础上，又增设了专业学术训练类课程、专业技能训练类课程、学术研讨课程、探究与创新类课程以及专业素养课程等，强化和突出了对工商管理专业本科生实践能力、创新能力和终身学习能力的培养；利用课程群进一步完善了已有的人才培养特色，特别是增设的经典著作导读、企业管理经典案例研究以及科学前沿讲座和管理热点探讨等课程，以课程群为载体，进一步提升了本科生的实践能力和理论素养。

第三节　工商管理专业毕业去向

一、研究生教育

从目前来看，工商管理专业的学生在毕业后将会面临四种选择：就业、保研、考研和出国。其实无论是保研、考研还是出国，都是继续选择研究生教育；而就业则是直接走上工作岗位，开启人生的职业生涯。

研究生教育是学生本科毕业之后继续进行深造和学习的一种教育形式，又可分为硕士研究生教育和博士研究生教育。在硕士阶段，考生需要参加国家统一组织的硕士研究生入学考试（含应届本科毕业生的推荐免试和部分高等学校经教育部批准自行组织的单独入学考试），被录取后进行2~3年的学习，在毕业时，若课程学习和论文答辩均符合学位条例的规定，可获硕士生毕业证书和硕士学位证书。

1. 学术型硕士与专业型硕士的区别

硕士研究生又可以进一步分为学术型硕士研究生和专业型硕士研究生，这两类研究生的区别体现在：

（1）培养方向不同：根据中国的有关规定，普通硕士教育以培养教学和科研人才为主，授予学位的类型主要是学术型学位；而专业硕士是具有职业背景的硕士学位，为培养特定职业高层次专门人才而设置。学术型硕士偏重理论和研究，而专业型硕士主要是进入企业发展，就业更灵活，发展空间广阔。

（2）招生条件不同：全日制学术型硕士、全日制专业型硕士和在职专业型硕士的招生考试均是每年的 12 月份统考。学术型硕士不需要报考者有一定年限的工作经历，而专业型硕士一般需要一定年限的工作经验。国家 2009 年新增的 1 月份统考的全日制专业型硕士并不要求工作经验，招生条件跟原来的学术型硕士一样，应届生可以报考。

（3）学制不同：全日制学术型硕士基本上以学习理论为主，学制一般为 2~3 年。全日制专业型硕士的学制同样是 2~3 年，但其中要求有不少于半年的实习期。两种类型硕士的在校主干课程基本相同，专业型硕士更强调实践学习和活动。

2. 专业的选择

在选择攻读硕士研究生以后，学生需要根据本科阶段的学习状况以及自己的兴趣，来选择硕士研究生的专业方向。硕士阶段的专业选择非常重要，因为相对于本科阶段来说，硕士阶段的学习更加深入而且有针对性，专业是毕业后就业或继续攻读博士学位的基础。硕士研究生的专业选择可以参考国务院学位委员会颁布的《学位授予和人才培养学科目录（2011）》。

在确定了专业以后，相应的考试科目也就明确了。一般而言，硕士研究生入学考试会包括公共课和专业课，对于经济管理类专业而言，公共课是全国统一考试的数学（根据不同的专业会考核数学三或者数学四）和英语，专业课则由所报考院校的相关专业来自行命题。因此，在进行专业和报考院校的选择时，需要进行综合考量，才会大大提高考取的可能性。

如果是继续在本校攻读本专业的硕士研究生，那么本科阶段的学习对于备考而言就显得十分重要，可以大大降低备考中的复习工作量。如果选择了本校的其他专业或者是外校的本专业或其他专业，那么就需要更早地做好复习准备，至少在专业课方面将要投入更多的时间和精力。

对于专业硕士而言，目前共有工商管理硕士（MBA）、工程管理硕士（MEM）、林业硕士（MF）、公共管理硕士（MPA）、法律硕士、教育硕士、工程硕士、农业硕士、会计硕士（MPAcc）、审计硕士（MAud）和应用心理硕士（MAP）等可供选择。

3. 推荐免试研究生

推荐免试研究生，简称"保研"，是指部分优秀本科生不经过研究生统一考试等程序，通过一个考评形式鉴定学习成绩、综合素质等，在教育部允许的名额范围内，直接由学校保送至本校或其他招生单位攻读研究生。按照国家教育部门的有关规定，推荐免试研究生一般包括发布保研办法或保研简章、准备和寄送材料、笔试面试、预录取和报名等几个阶段。

推荐免试研究生，既可以报考校内的专业，也可以报考校外专业。推免研究生夏令营是近几年各高校（特别是著名高校）抢夺优质生源的一种方式。高校利用暑假中一周左右的时间，与学生较长时间地接触，包括参观实验室、介绍各导师研究方向、学术交流会等形式，通过多种方式（如笔试、面试、实验测试等）考核学生，以确定是否发放拟录取通知书，改善了以往仅靠 10 月前后的推荐免试的缺陷。因此，在大学三年级的下学期，具备推荐免试资格的同学就应该密切关注各个高校相关的推免研究生夏令营活动，同时做好多方面的准备工作，提早为自己争取到进入名校优势专业攻读硕士研究生的资格。

4. 出国攻读硕士学位

目前，全球化的进程不断发展，对于一些同学而言，希望能走出国门，到国外的高水平大学攻读硕士学位，丰富自己的经历。

国外大学在硕士研究生的招生中一般采用申请的方式，每个学校的要求不尽相同。在申请的过程中，国外的大学不仅要参考申请者大学阶段的学习成绩、实践活动情况，而且对于英语也有较高的要求。因此，致力于到国外攻读硕士学位的同学，除了多注意搜集不同院校的信息外，还要在大学阶段努力学习，取得优良的学习成绩，特别是专业课成绩；而且，还需要认真学习英语，积极备考雅思或者托福，为自己争取一个好的英语成绩。

二、就 业

最近十几年出现了一个非常有趣的现象，一些国际知名企业的总裁、CEO 等纷纷著书立说，以现身说法来介绍各自的管理经验和技巧。大量商业管理类书籍登上畅销书排行榜，这反映了社会对于高级工商管理类人才的追捧，"向管理要效益"已经成为众多企业的共识。

广义的工商管理包含的领域很多，下设的二级专业各具特色，主要包括工商管理、市场营销、财务管理、人力资源管理、旅游管理等。作为二级专业的工商管理，在就业中可以从事的领域包括运营管理、质量管理、市场营销、人力资源管理等。

1. 工商管理专业就业前景

工商管理专业是一门基础较宽的学科专业，学科内容范围相对比较广、系统庞杂，既涉及企业经营管理中的计划、组织、领导和控制，又涉及人员、资金和财务的管理。工商管理学学科的理论基础是经济学和管理学，知识构成跨越自然科学、人文科学的不同领域，研究对象涵盖企业经营运作中的财务管理、资金筹措、投资分析、市场营销和资源配置等各个方面。因此，在相对严峻的就业形势下，工商管理的就业方向相比会计、金融等方向性较强的专业，反而拥有更大的选择空间。有专家预测，未来五年工商管理专业的就业前景还是会被看好的。

随着第三产业的兴起，市场经济的快速发展，社会对各类管理人才的需求越来越大，例如，人力资源管理、电子商务、物流管理、旅游和酒店管理、金融管理等都需要管理科学做基础，同时也呼唤职业经理人来进行管理。而工商管理专业的目标就是要培养适应我国工商企业和经济管理部门需要的中高层次综合管理人才。

但是，很多人抱着一毕业就能进企业当管理人员的想法也是不现实的。因为卓越的管理能力是要有科学的理念和来自一线实践的支撑，实践能力需要从具体工作和实际操作中来积累。因此，学生在校期间要有意识的多接触社会和企业，利用寒暑假和课余时间，到企业进行锻炼，从基层的工作做起，积累从业经验，锻炼自己的实际操作能力，这样在求职时才会具有竞争力，也为今后从事相关工作或走上管理岗位打下良好的基础。

2. 工商管理专业的就业选择

（1）营销管理类，如市场分析员、销售员、售后服务工程师、销售主管、销售经理、销售总监等。

市场营销岗位入行要求低、高端营销岗位收入丰厚，而且市场需求量大，每年都吸引了大量的管理专业毕业生。相对于其他专业的毕业生，工商管理专业的毕业生在与市场营销相关的市场管理以及项目策划领域更能有出色的表现。面对激烈的行业内竞争，销售人员需要具备更为专业的素质和技能，因此需要毕业生和准毕业生能够根据自身的职业定位和兴趣爱好，选择某一个行业的某个领军公司作为切入点，深入研究其销售模式、销售渠道、促销手段以及经典的营销案例，并且有意识地培养自己的心理承受能力和沟通能力。

（2）行政管理类，如总经理办公室、行政管理、财务人员等。

行政管理类工作岗位主要负责的内容是公司年度运营方案的策划及推进，运行方案实施情况的监控、评价及持续改进。此类岗位要求对公司的总体运作、竞争对手、国内外大的环境的变化等比较熟悉并具有一定的敏感度。从事该岗位主要对个人的组织能力、沟通能力以及常用的统计分析工具有一定的要求；最好能掌握 SWOT、标杆管理、企业营运等方面的知识。但是对于初入职场的应届毕业生，由于没有技术背景和管理经验，往往难以胜任。为此，很多企业会考虑安排管理专业的新员工下到基层部门接受实践锻炼，以积累进入管理层所需要的经验。作为走向管理岗位的过渡期，这一阶段的工作会比较庞杂、辛苦，作为初入职场的新人，认真观察、踏实做事、不怕辛苦、注重积累，才能为日后的工作积蓄力量。

（3）人力资源管理岗位，如招聘专员、绩效专员、培训专员等。

一般的大中型企业内部都设有人力资源部，主管企业的招聘、员工培训、绩效考核、薪酬管理、人事调度等具体的工作。工商管理专业下设有人力资源管理方向，而且开设了如人力资源管理、组织行为学等课程，也为工商管理专业的毕业生和准毕业生开辟了一条就业渠道。

具有一定工作经验的人力资源岗位的高级管理人员比一般管理人员更容易成长为职业经理人员，因此对于致力于从事这一岗位的工商管理专业的毕业生和准毕业生，不妨多利用实习机会，尽量争取能够进入大公司的人力资源部，熟悉招聘、培训、考核等日常工作流程，以及一些简单而实用的工作技巧。

（4）质量管理岗位，如质量体系工程师、供应商质量工程师、认证工程师等。

一般来说，从事质量管理岗位需要具备一定的技术知识，目前国内该岗位就业前景不错，薪资待遇也还可以。但若要真正从事这一岗位的工作，就需掌握相对丰富的知识，如质量管理体系、3C 认证、全面质量管理、统计分析学、供应商管理等。因此，致力于从事质量管理岗位工作的工商管理专业毕业生和准毕业生，首先需要认真学习课程内的理论知识，同时多参加一些制造型企业的实习锻炼，不断积累经验。

（5）项目管理岗位，如项目管理职员，项目经理等。

项目管理是管理学的一个分支学科，所谓项目管理就是在项目活动中运用专门的知识、技能、工具和方法，使项目能够在有限资源限定条件下，实现或超过设定的需求和期望的过程。项目管理是对一些成功达成一系列目标相关的活动（如任务）的整体监测和管控，包括策划、进度计划和维护组成项目的活动的进展。因此，想要成为一名合格的项目管理人员，不仅需要掌握关于财务规划、人事管理、沟通管理、风险管理、质量、成本管理等的专业知识，还需要成为一个优秀的资源整合者，将最优秀的工程师、专家、供应商的大小老板、品质的专家、产线的专家，甚至于优秀的焊工都变成自己的人脉资源，慢慢路就会越走越宽，机会也会越来越多。

（6）物流管理类岗位，如报关员、跟单员等。

物流是继物资资源、人力资源之后的"第三个利润源"。物流的职能是将产品由其生产地转到消费地，从而创造地点效用。物流管理的好坏将直接影响到企业的产品、服务质量，甚至是企业整体的经济效益。

由于我国物流产业的快速发展，对人才的需求也是急剧上升，物流管理人才已经被列为12类紧缺人才之一，据统计，市场需求量超过600万人。但物流岗位又是一个很注重工作经验的岗位，需要一定的积累。

物流管理的特殊性要求从业人员具备一定的物流、法律、国际贸易等方面的专业知识，对外语的要求也比较高。对于致力于从事物流岗位工作的工商管理专业的毕业生和准毕业生，可以关注一下全国报关员和跟单员的资格认证，有助于熟悉物流流程和提高物流规划意识。

（7）管理咨询类岗位，如管理咨询师。

一般来说，企业在竞争激烈的环境下很难承担决策失败的风险，所以需要专业的外部独立视角来对企业的管理决策做检验，这也是管理咨询行业存在的需求基础。管理咨询师是一种职业，其价值在于其专业的独立分析判断能力，当然在具体业务中往往是管理咨询团队而非个人。

从事管理咨询工作往往需要较强的调查和分析能力，而且需要对相关行业领域有较为深刻的认识，因此本科毕业生独立从事管理咨询工作的机会相对较少。但目前已经有越来越多的本科生进入管理咨询行业，从基础的助理做起，通过参与服务项目提升自身的能力，最终走上管理咨询师的岗位。因此，对于致力于成为管理咨询师的工商管理专业的毕业生和准毕业生，需要不断加强理论学习，而且要经常进行思维和写作锻炼。

（8）培训岗位，如企业培训师、职业培训师等。

培训师是指能够结合经济发展、技术进步和就业要求，研发针对新职业的培训项目，以及根据企业生产经营需要，掌握并运用现代培训理念和手段，策划开发培训项目，制订实施培训计划，并从事培训咨询和教学活动的人员。

随着改革开放，催生出大量新型产业，行业的发展势必带动岗位人才的需求，这就促使大批在不同行业内有一定从业经验的人从原岗位升职，通过不同方式将自己的技能与经验传授给其他人，成为本行业的专职讲师，从而获得回报。

培训师在市场上主要分为两类：企业培训师（TTT）和职业培训师（PTT）。对于致力于成为培训师的工商管理专业的毕业生和准毕业生，大家需要在特定专长领域内不断学习研究；而且随着经验的积累，能够根据不同行业、公司的培训需求，有针对性地进行培训课程的开发和调整；最后就是要能够灵活运用各种培训方法和培训工具，讲授培训课程，实现培训目标。

本章小结

工商管理专业学生应具备以下知识和能力：马克思主义和中国特色社会主义科学理论知识与原理；学科基础知识、基础理论及专业领域知识；知识应用能力；学习能力；思维能力；沟通与合作能力；职业道德与社会责任感；健全人格和健康体魄。

工商管理专业培养方案的课程体系主要由公共基础课、学科基础课、专业方向课和任意选修课四个模块构成。

工商管理专业的学生在毕业后可以选择就业或继续接受研究生教育。

在相对严峻的就业形势下，工商管理专业的就业方向相比会计、金融等方向性较强的专业，反而拥有更大的选择空间。

重要术语

人才培养方案　　公共基础课　　学科基础课　　专业方向课　　任意选修课　　研究生教育　　就业

第四章

经济学与管理学原理

【学习目标】

通过本章的学习，了解经济学和管理学原理在工商管理专业培养计划中的作用，掌握管理学原理课程的主要结构体系，了解西方经济学的学习要求和内容。

【引导案例】

优步公司的动态定价机制

一直以来，出租车市场的价格由政府相应主管部门规定，不论是出租司机还是乘客，接受的都是政府规定的价格。至于这个价格合适不合适，谁也不知道，但是最糟糕的地方在于这个价格是没法变化的。一旦出现特殊天气或特殊时间，出租车司机会抱怨吃亏了，乘客也经常会遇到打车难、拒载等情况。价格不能调整，能改变的就是服务的质量和服务的态度，这也是一直以来出租市场服务质量很难令人满意的一个根本原因。

优步（UBER）公司总部位于美国加利福尼亚州旧金山市，其主要业务是以移动应用程序链接乘客和司机，提供租车及实时共乘的服务。优步自身并不是出租车公司，也不拥有出租车，只是一个联接用车人与司机的网络平台。为了激励接入平台的司机多拉活和调整高峰时段的供需矛盾，优步公司率先采用了动态定价机制。这一定价机制据说背后有一套复杂的算法，简而言之就是，当你所在的城市某区域内叫车的人比优步空车多的时候，即需求大于供给，优步就会对车费实施动态加价，加价的幅度在供需两端均能认同之间。而后，这个区域周边的优步司机就会因为更高的车费而驶往这里，一旦司机多了，那么价格也会随之回落到正常水平，最终供需就会达到平衡了。这种加价本质上正是抓住了人们急需乘车又无车可乘的这种需求，而司机也因为加价的激励而做出动态反应。可谓，周瑜打黄盖——一个愿打一个愿挨。而最终的受益者无疑就是中间的平台商——优步。

当然，对于乘客来讲，动态定价可能会带来支付价格的上升。但是不要忘了，出租车市场是一个日益充分竞争的市场，如果一家公司要的价格太高，乘客比较之下会作出选择，是换一个打车软件，或者是继续坚持高价叫车。而对于更看重时间的乘客来讲，这就有可能大大缩短他等待的时间。滴滴打车从一开始也引入了这种做法，在打车困难的时候乘客可以增加额外小费给司机，以吸引司机尽快抢单。

随着UBER、滴滴、神州专车都开始动态定价，表明这几家公司已经在对传统出租车公司的竞争上远远走在了领先地位。传统出租车公司如果再不及时改革，前途将更加艰难。

资料来源：根据网络公开资料编写。

第一节 经济学

一、经济学的产生和发展

自人类社会产生，就面临着一个基本的矛盾：人类需要的无限性与满足需要的手段即资源的稀缺性之间的矛盾。如何利用稀缺的资源来满足人们的需要，成为任何社会都要面对的基本经济问题，经济学正是为了研究这一基本经济问题而产生的。

1. 古典与新古典经济学

从1776年亚当·斯密的《国富论》开始奠基，现代经济学经历了200多年的发展，已经有宏观经济学、微观经济学、政治经济学等众多专业方向。资产阶级古典经济学（bourgeois classical economics）是现代西方经济学理论的雏形，主要代表人物有英国经济学家威廉·配第（William Petty）、亚当·斯密和大卫·李嘉图（David Ricardo）等。他们基于资本主义工业迅速发展的实际，提出了不同于之前的重商主义的观点：（1）财富是物质产品，劳动是财富的源泉；（2）市场自动调节比人为地调节更能符合社会整体利益，即"看不见的手原理"（principle of invisible hand），据此主张自由放任政策。

资产阶级古典经济学的另一分支是法国的"重农学派"（Physiocrats），主要代表人物是弗朗索瓦·魁奈（Francois Quesnay），他反对重商主义，主张自由贸易。但由于法国小农经济比重较大，工业发展相对落后，因此认为只有农业才是社会财富的源泉，货币只是流通手段；工业只是对农产品进行加工，是农业的附属物；对外贸易只是一种等价交换，都不能增加社会财富。

19世纪70年代早期，学者们开始关注商品的边际效用对于其价值或者价格的影响，将边际分析运用到经济理论中，新古典经济思想开始形成。到了19世纪90年代，许多经济学家认识到边际分析工具还是分析收入分配的决定力量，因此，边际要素生产力的概念又出现了。这一时期边际分析的增加，使得人们将更多的注意力放在了微观经济理论上，因此在新古典经济理论中，宏观经济问题是被忽视的。对边际概念的前沿讨论一直持续到20世纪40年代，作为新古典经济学的集大成之作，约翰·希克斯（John Richard Hicks）的《价值与资本》以及保罗·萨缪尔森（Paul A. Samuelson）的《经济分析基础》在很多方面将已有的研究集合在一起，捕捉到了新古典经济学的本质，并将前沿理论建立在逻辑与集合论的基础之上。

2. 现代宏观经济学

1929年，持续了7年之久、席卷整个资本主义世界的"大危机"爆发了。为了尽快摆脱危机，美国总统罗斯福在1933年开始推行新政，史称"罗斯福新政"。在此背景下，1936年英国经济学家约翰·M. 凯恩斯（John Maynard Keynes）出版了《就业、利息和货币通论》一书，严厉批判新古典经济学，提出"有效需求决定国民收入"原理，主张由政府干预来拯救资本主义，人称"凯恩斯革命"（keynesian revolution），标志着现代宏观经济学的诞生。

这时的经济学在发展中发生了充分的变化，已经有充足的理由将其划分为一个独立的、不同于新古典学派的新的经济学派。第二次世界大战结束以后，以萨缪尔森为主要代表的一些经济学家，试图弥合凯恩斯理论与新古典经济学之间的分歧，遂形成所谓"新古典综合派"，认为新古典经济学适用于经济繁荣状态，属于微观经济学；凯恩斯理论适用于经济萧条状态，属于宏观经济学。1948年萨缪尔森出版《经济学》（第1版）是这一学派形成的标志。

新古典综合派认为，市场经济不能自动实现充分就业，因此政府应根据"逆经济风向行事"原则，运用财政和货币政策实施干预，以促进充分就业和国民收入增长。直到20世纪80年代以前，新古典综合派一直占据着西方经济学的主流地位。但由于该理论没能解释20世纪60年代的通货膨胀和20世纪70年代的滞胀，受到许多非凯恩斯主义流派的激烈指责，催生了"新凯恩斯主义"。这一阶段非凯恩斯主义流派主要有：货币主义学派（又称"芝加哥学派"）、理性预期学派、供给学派、新自由主义学派、新剑桥凯恩斯学派、市场非均衡学派、新制度学派和公共选择学派等。

3. 当代西方经济学发展的新动向

20世纪90年代以后，西方经济学进入新的发展阶段，即新凯恩斯主义阶段，主要代表人物有美国的约瑟夫·斯蒂格利茨（Joseph Stiglitz）、格雷戈里·曼昆（N. Gregory Mankiw）、埃德蒙·费尔普斯（Edmund Phelps）、本·伯南克（Ben Bernank）等。新凯恩斯主义的主要特点包括：（1）强调政府作用；（2）强调用微观经济学原理解释宏观经济现象；（3）加强了对市场垄断势力、价格歧视、信息不对称、外在经济、博弈论、委托—代理关系、公共物品等现象的研究；（4）用总需求—总供给模型（AD-AS模型）取代IS-LM模型；（5）各流派融合发展。

二、学习经济学的意义

经济学不仅是一门基础理论，还是经济学家提供给社会大众的一种改进生活、认识世界的武器。

首先，学习经济学有助于人们做出更好的个人决策。在人的一生中，需要作出各种各样的经济决策。比如说，在大学毕业的时候，需要决定是继续在国内读研究生，还是出国留学，或者去工作？在工作之后，要决定如何花费你的收入：多少用于现在的消费？多少用于储蓄？如何用于投资？是买股票还是存在银行？如此等等。真实世界的决策往往还要考虑个人时间和收入的有限性，为了避免决策的失误，我们每个人都需要相关理论的指导。而经济学恰好是有关个人选择的科学，学习经济学有助于我们作出更好的决策。

其次，学习经济学有助于理解纷繁复杂的社会现象。经济学是一门科学。经济学家通过观测现实经济现象归纳经济规律。经济学家有自己的语言和思维方式。诸如需求、供给、弹性、消费者剩余、机会成本、比较优势、外部性、信息不对称、均衡等，是经济学的基本语言。这些知识帮助我们理解各种社会制度和组织运行的方式。例如，我们需要政府，是因为在存在诸如外部性、公共产品这样的场合，依靠市场不能达到资源的有效配置。所以，需要政府来提供市场交易的规则、秩序以及公共产品，同时需要政府保护我们的个人财产和人身安全。但政府对市场的过多干预又常常导致供给不足、价格扭曲、资源浪费、垄断横行。政府的政策选择不仅影响整个社会的资源配置效率,而且影响每个公民的福利,所以经济学的学习可以帮助我们思考和分析这些现实世界中的问题。

最后,学习经济学可以为后续学习打下坚实的基础。作为基本理论,微观经济学和宏观经济学是经济管理相关专业重要的基础性课程,直接影响到许多专业课程的掌握程度。学习经济学,可以为我们提供理性的思维方式和实证的分析手段,提高抽象思维和逻辑思维能力。

三、经济学的主要内容

经济学主要从两个层面研究资源的配置和利用问题(见图 4-1)。

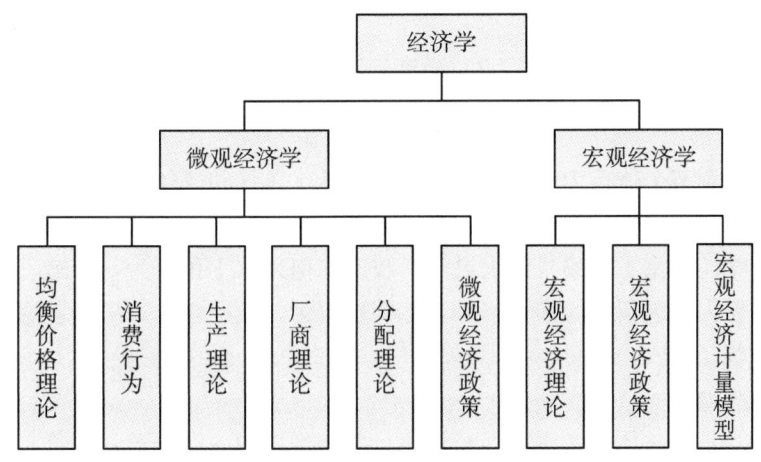

图 4-1 经济学的主要内容

资料来源:张建国,《工商管理导论》,北京理工大学出版社 2016 年版,第 85~86 页,作者整理绘制。

1. 微观经济学

基于经济人假设,微观经济学的基本架构可以理解为居民和厂商在两个市场(即产品市场和要素市场)上相互作用,见图 4-2。在产品市场上,居民是产品的购买者,厂商是产品的供给者;在要素市场上,二者的角色换位。居民是理性的,他在收入约束前提下为了满足自身的需求和效用最大化,对各种商品进行选择;居民选择产品的行为必然会影响商品的价格和数量,市场价格和需求量的变动又成为厂商进行生产决策的信号。厂商同样也是理性的,对于单个厂商而言,它进入市场的动机是如何用最小的生产成本,生产最大的产量,从而寻求最大的利润。但厂商的决策相对复杂一些,他既要考虑因产量变动引起的成本变动,也要考虑因产量和价格变动引起的收益变动。除此以外,厂商的决策还会影响到生产要素市场上的各种价格,进而影响居民的收入。居民和厂商的决策都通过商品市场和要素市场上的供求关系表现出来,价格是其中的关键。

因此,微观经济学的任务就是研究市场机制及其作用、均衡价格的决定,以及考察市

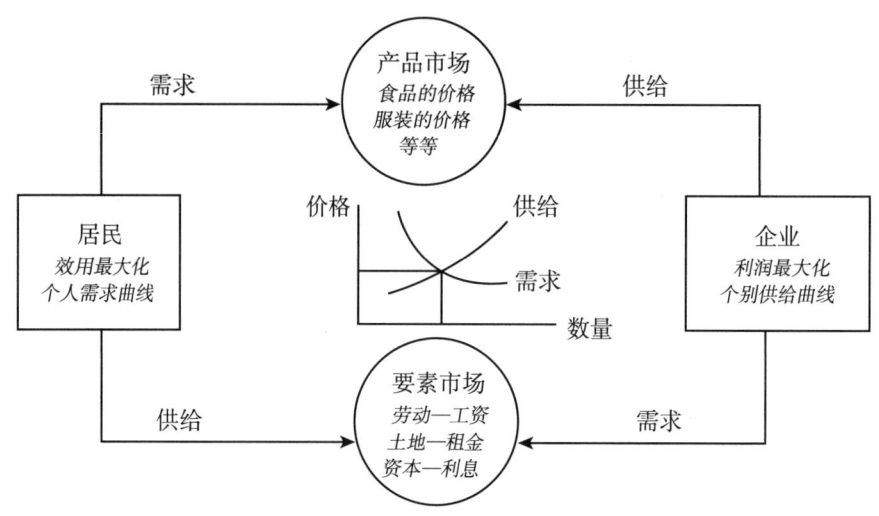

图 4-2 微观经济学基本框架

资料来源:林致远,《现代经济学体系的基本脉络》,载于《东南学术》2007年第3期。

场机制如何通过调节个体行为来取得资源配置的最优条件和途径。但是在现实中,单纯依靠价格引导厂商和居民的行为,又可能会导致对社会不利的结果,从而造成市场失灵。因此,微观经济学还考察了市场机制失灵时,政府如何采取干预行为与措施。概括起来,微观经济学的主要内容包括:均衡价格理论、消费行为、生产理论、厂商理论、分配理论和微观经济政策等。

2. 宏观经济学

宏观经济学是从整体上考察国民经济运行及其规律的一门科学,它研究经济总量的决定及其变动。它是用总量分析研究整个国民经济活动以解决资源充分利用的问题,最终是为了实现充分就业、物价稳定、经济持续增长、国际收支平衡这四大目标。

宏观经济学主要包括宏观经济理论、宏观经济政策和宏观计量模型。

(1) 宏观经济理论:包括国民收入决定理论、消费函数理论、投资理论、货币理论、失业与通货膨胀理论、经济周期理论、经济增长理论、开发经济理论。

(2) 宏观经济政策:包括经济政策目标、经济政策工具、经济政策机制(即经济政策工具如何达到既定的目标)、经济政策效应与运用。

(3) 宏观经济计量模型:包括根据各流派理论所建立的不同模型。这些模型可用于理论验证、经济预测、政策制定以及政策效应检验。

可以说,现代宏观经济学是为国家干预经济的政策服务的。第二次世界大战后,凯恩斯主义宏观经济政策在西方国家得到广泛的应用,在相当大的程度上促进了经济的发展,但与此同时,也带来了各种问题。宏观经济学研究的一个中心问题就是国民收入水平是如何决定的。宏观经济学认为,国民收入的水平是整个社会生产与就业水平的体现。具体内容主要包括经济增长、经济周期波动、失业、通货膨胀、国家财政、国际贸易等方面,涉及国民收入及全社会消费、储蓄、投资及国民收入的比率、货币流通量和流通速度、物价水平、利息率、人口数量及增长率、就业人数和失业率等。

四、经济学的研究方法

任何一门科学都有其一定的研究方法，经济学也不例外，经济学的研究方法一般包括以下几种。

1. 实证分析和规范分析

无论是微观经济学还是宏观经济学，都可以采用实证分析和规范分析的方法。实证分析是指企图超脱或排斥一切价值判断，只研究经济本身的内在规律，并根据这些规律分析和预测人们经济行为的效果。它要回答"是什么"的问题，而不对事物的好坏做出评价。规范分析是指根据一定的价值判断为基础，提出某些分析处理经济问题的标准，树立经济理论的前提，作为制定经济政策的依据，并研究如何才能符合这些标准。它要回答"应该是什么"的问题。

必须强调指出，经济学研究是由人来进行的，不同的人由于对经济现象和问题分析的价值观念不同，即使都是采用同一实证分析方法，对分析过程中的方法选择和结果分析也会有很大的差异，企图超脱一切价值判断，就客观问题本身去分析其规律性，也不可能把决策人本身的主观因素完全排除在外。另外，在进行规范分析的过程中，如果完全脱离客观现实去进行价值分析和判断，也只能是使问题的分析过程步入主观臆想的死胡同。

因此，实证分析和规范分析是以不同的假设前提为条件的两种不同分析方法。实证经济学与规范经济学之间尽管存在着差异，但二者之间不是绝对的相互排斥。规范经济学研究要以实证经济学为基础，而实证经济学研究也离不开规范经济学的指导。一般来说，越是具体的问题，实证分析的成分越多；而越是高层次，带有决策性的问题，则越具有规范性。在对经济现象分析的过程中需要将这两种分析方法结合起来运用。

2. 均衡分析与非均衡分析

均衡分析就是假定经济变量中的自变量为已知的、固定不变的，以观察因变量达到均衡状态时所出现的情况以及实现均衡的条件。由于在观察过程中，外界条件不断地发生变化，均衡可能是转瞬即逝的一刻，也可能永远达不到，但在均衡分析中，我们只考察达到假想中均衡状态的情况。均衡分析又可以分为局部均衡分析与一般均衡分析。局部均衡分析考察在其他条件不变时单个市场均衡的建立与变动。一般均衡分析考察各个市场之间均衡的建立与变动，它是在各个市场的相互关系中来考察一个市场的均衡问题的。

非均衡分析则认为经济现象及其变化的原因是多方面的、复杂的，不能单纯用有关变量之间的均衡与不均衡来加以解释，而主张通过对历史、制度、社会等因素的分析作为基本方法，即使是个体分析，非均衡分析也不强调各种力量相等时的均衡状态，而是强调各种力量不相等时的非均衡状态。微观经济学与宏观经济学运用的主要分析工具都是均衡分析。

例如，微观经济学中的均衡分析，是以理性的经济人假设为前提，以实现最优化为目标，主要通过边际分析方法来进行均衡状态分析的。

3. 静态分析与动态分析

按照分析经济活动时是否考虑时间因素来划分，分析方法可以分为静态分析与动态分析。静态分析不考虑时间因素，不涉及时间因素所引起的变动，不考虑均衡和变动过程，只考察一定时期内各种变量之间的相互关系，因而静态分析是一种状态分析，是对一种事物横断面的分析。动态分析则是引入时间因素，要涉及时间因素所引起的变动，考察各种变量在不同时期的变动情况，因而动态分析又被称为过程分析，是一种时间序列分析。静态分析研究的是经济现象相对静止的状态，而动态分析研究的是经济现象的发展变化过程。

4. 静态均衡分析、比较静态均衡分析、动态均衡分析

静态均衡分析要说明的是各种经济变量达到均衡的条件，比较静态均衡分析要说明从一种均衡状态变动到另一种均衡状态的过程，即原有的条件变动时均衡状态发生了什么相应的变化，并把新旧均衡状态进行比较。动态均衡分析则是在引进时间因素的基础上说明均衡的实际变化过程，说明某一时点上经济变量的变动如何影响下一时点上该经济变量的变动，以及这种变动对整个均衡状态产生的影响。

微观经济学与宏观经济学都以这种分析工具作为分析经济现象和问题的手段与方法。

5. 定性分析与定量分析

定性分析就是分析研究经济现象内在的性质与规律性。具体地说，就是运用归纳、综合以及抽象与概括等方法，对获得的各种材料进行思维加工，从而去粗取精、去伪存真、由此及彼、由表及里，达到认识事物本质、揭示其内在规律性的目的。定性分析常被用于对事物相互作用的研究中。它主要是分析和解决研究对象"有没有"或者"是不是"的问题。

定量分析是将所研究的经济现象的有关特征及其变化程度进行量化，然后对取得的数据进行统计学处理，从对事物量变过程的分析中得出结论。从根本上说，定量分析渗透着这样一个观念：世界上一切事物不依赖人的主观意志而存在，是可以被认识的；它们的各种特征都表现为一定的量的存在，或以不同的量的变化表现其变化过程。定量分析是要说明事物或现象是"如何变化的"或"变化过程与结果怎样"的问题。定性分析与定量分析相互补充，相得益彰，具有不可分离的关系，处在统一的连续体之中。在实际经济问题分析过程中，定性分析为定量分析提供基础，定量分析的结果要通过定性分析来解释和理解。

第二节　管理学原理

管理是人类各种活动中最重要的活动之一。自从有人类开始组成群体来实现个人无法单独完成的目标以来，管理工作就成为协调个体努力必不可少的因素。随着实践的发展，管理学逐渐从经验演变为一门研究管理理论、方法和管理实践活动的一般规律的科学。

管理学原理是一门专业基础课程，属于经济管理类专业学生必修的入门课程，主要是讲解管理的基本概念、基本理论和基本思维方式。这门课程是以所有的组织所共有的管理问题作为研究对象，研究的是组织管理的一般问题，这里面涉及的基本原理、基本思想和基本原则是各类管理学科的概括与总结，它是整个管理学科体系的基石。

一、课程特点与学习意义

1. 管理活动的特点

（1）科学性和艺术性。管理既是一门科学又是一门艺术，是科学性和艺术性的统一。管理首先是一门科学，它是许多管理学者和管理实践者在长期的管理实践中，通过不断对实践中的客观工作规律进行归纳总结而形成的一系列的基本管理原则和管理理论。管理人员在实际的工作中，综合考虑实际情况，再以这些基本原则或者原理为指导来开展工作，就能取得事半功倍的效果。同样，管理还是一门艺术，管理的艺术性特点要求管理人员在工作中要做到随机应变，既具有灵活性又富于创新。就如同权变理论的观点，没有什么是一成不变的、普遍适用的、最好的管理方法，一切管理活动的开展都应基于特定的情境。

管理的科学性是基础，艺术性是在科学性的基础上发展的，而且随着时间的推移，管理研究的不断深化和繁荣，以及环境的快速变化和发展，使得管理的科学性和艺术性成分都会不断加强。

（2）一般性。管理学原理是从一般原理、一般情况的角度对管理活动和管理规律进行研究，不涉及管理分支学科的业务和方法的研究。管理学原理是研究所有管理活动中共性原理的基础理论科学，无论是"宏观原理"还是"微观原理"，都需要管理学作基础来加以学习和研究，管理学原理课程是各门具体的或专门的管理学科的共同基础。

（3）多学科性或综合性。从管理内容上看，管理学涉及的领域十分广阔，它需要从不同类型的管理实践中抽象概括出具有普遍意义的管理思想、管理原理和管理方法；从影响管理活动的各种因素上看，除了生产力、生产关系、上层建筑这些基本因素外，还有自然因素、社会因素等；从管理学科与其他学科的相关性上看，它与经济学、社会学、心理学、数学、计算机科学等都有密切关系，是一门非常综合的学科。

管理学的综合性决定了我们可以从不同的角度出发来看待和研究管理问题，管理的复杂性和对象的多样化也要求管理者必须要具备广博的知识，才能对各种管理问题应对自如。

（4）实践性。实践性也称实用性，管理学原理所提供的理论与方法都是实践经验的总结与提炼，反过来又可以指导实践。由于管理活动的复杂性及管理环境的多样性，使得在对管理知识进行运用的时候需要较强的创造性和灵活性。

正是鉴于此，仅凭借学校教育是培养不出"成品"管理者的。要成为一名合格的管理者，除了要在课堂上认真进行理论学习外，还要多多参与实践，不断在实践中进行归纳和总结，积累管理经验，真正去理解管理的真谛。

（5）社会性。构成管理过程主要因素的管理主体与管理客体，都是社会最有生命力的人，这就决定了管理的社会性；同时管理在很大程度上带有生产关系的特征，因此没有超阶级的管理学，这也体现了管理的社会性。

（6）历史性。管理学原理是对前人的管理实践、管理思想和管理理论的总结、扬弃和发展，割断历史，不了解前人对管理经验的理论总结和历史，就难以很好地理解、把握和运用管理学。

2. 学习管理的重要意义

由于人类所拥有和能够利用的资源（人、财、物、信息、时间、技术等）是有限的，而人类的欲望又是无限的，因此，就需要借助于管理来解决这一固有的矛盾。人们要更多地满足自身的欲望，就需要利用管理来合理配置和利用资源。

在现代社会中，管理作为有助于实现目标的一种手段，可以说无时无处不在，围绕在我们生活的方方面面。不管人们从事什么职业，都在参与管理，或管理国家，或管理业务，或管理家庭，或管理子女。国家的兴衰，企业的成败，家庭的贫富、幸福，子女的健康、成长，都与管理是否得当有关。虽然我们借助于实践也可以学习管理，但难免会犯一些错误、走一些弯路、付出一定的代价。因此，系统地学习管理学原理对于我们而言，还是具有十分重要的意义的。

首先，学习管理学可以有助于我们在实践中少走弯路。对于个人而言，我们同样面临着所掌握资源的有限性与个人目标追求的无限性之间的矛盾。通过后面的学习我们可以了解，管理学原理中的绝大部分知识和方法同样是适用于自我管理的。因此，学好管理学有助于我们个人目标的实现。

其次，学好管理学有助于我们对社会现象和问题有一个更为客观的认识。面对各式各样、形形色色的社会现象和问题，我们往往只看到了现象的表面，而无法洞悉形成这一现象的根本原因；抑或是身处问题之中，还没能知觉。而通过管理学原理的学习，我们可以练就一双慧眼，透过现象看到问题的本质，对于我们认识世界、认识自我都是十分重要的。

最后，学好管理学有助于我们更好地适应社会，增强生存技能。管理学原理不仅是我们获得学位的一门必修课程，更是我们获取生存技能的一个途径。一旦我们走入社会，成为某一个组织中的一员，那么不是成为管理者就是成为被管理者。即使是作为一个被管理者，我们也需要了解"老板"的行为方式和组织的运转过程，才能在组织中站稳脚跟。

在当前的环境下，管理必将成为第一生产力。学习管理，不仅是当今社会发展的需要，而且也是我们每一个人在社会中生存和获得发展的根本。为此，我们都需要或多或少地学习一些管理学。

二、管理学原理的主要内容

1. 管理学原理的内容结构

1916年，法约尔首先提出了管理职能的观点，认为应该通过分析管理职能来研究管理工作。其基本思路是将管理工作看作组织中通过别人或同别人一起完成工作任务的过程，这个过程由若干管理职能构成，然后通过对每个职能进行深入研究，揭示出管理的原理，使人们明确管理应该做什么，并作为指导管理实践的准则。管理职能的观点自提出以来得到了理论界和实务界的普遍认同，经过发展已经成为现代管理理论分析管理工作的主要框架和方法。为此，我们在学习管理学原理的过程中，也同样遵循管理职能的逻辑框架。除此以外，管理环境作为任何组织和管理者不能脱离的重要情境，也是课程学习中必须了解的。管理学原理的内容结构见图4-3。

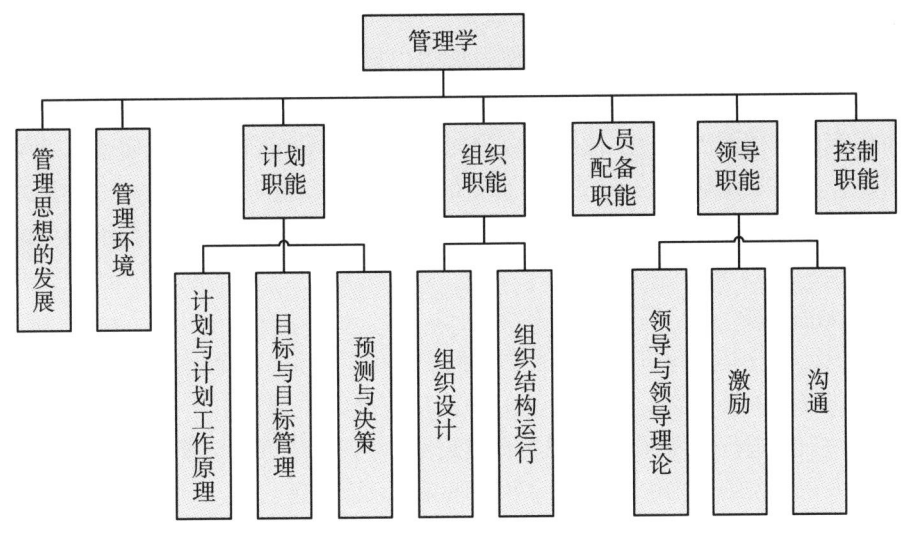

图 4-3 管理学原理的主要内容

资料来源：徐碧琳，《管理学原理》，机械工业出版社 2015 年版，作者整理绘制。

2. 管理思想的发展

管理思想是人们对管理过程中发生的各种关系的认识的总和，是由一系列观念或观点所构成的知识体系，是指导管理者从事各项管理活动的路标和蓝图。尽管人类的管理实践由来已久，但一直到 19 世纪末 20 世纪初，伴随着生产力的发展、科学技术的进步，才首先在西方出现了系统化的管理思想。这一部分将对西方管理思想的发展状况进行一个系统的介绍，有助于大家对管理思想有一个总体认识。

3. 管理环境

管理环境，就是影响管理系统生存和发展的一切要素的总和。任何组织都是在一定环境中生存和发展的。当今时代，全球化浪潮影响着世界各地，通信和信息等技术快速发展，社会正在经历一场巨变，新的组织形态不断涌现。组织要面对动态的、不确定性的外部环境。作为组织的管理者必须首先对这种动态复杂的环境有充分的认识，分析外部环境对管理活动的影响，以实现组织目标。这一部分将介绍一般环境和特殊环境，以及环境分析方法。

4. 计划职能

任何管理活动都是始于计划的。为了使管理工作达到效率与效果的统一，必须首先确立明确的目标。只有确立了清楚明确的目标，才能判断什么事情该做，什么事情不该做；而为了提高效率，以较少的投入获得较大的产出，就需要对资源的投入、转化过程等进行必要的研究和安排，为此就需要制订计划，在事前为目标的实现规划路径。因此，计划工作不仅包含目标的设定，还包括目标实现路径的规划，具体来说分为估量机会、设定目标、制定目标实现的战略方案、形成协调各种资源的活动的具体方案等环节。计划工作是管理活动的首要职能，其他工作只有在计划工作明确了目标和实施路径后才能有目的地进行。这一部分将介绍计划、目标与目标管理以及预测与决策三部分内容。

5. 组织职能

在制订了切实可行的计划后,为了使目标得以顺利地转化,就需要投入必要的人力、物力、财力等资源去执行既定的计划,这就是组织工作。所谓组织工作就是为了有效地达成计划所确定的目标而进行分工协作,合理配置各种资源的过程。组织职能可以说是计划工作的延伸,具体来说包括任务的分解、权责的明确、资源的配置以及协作关系的明确等内容。组织工作将直接影响组织运作的效率。这一部分将介绍组织设计与组织结构运行两个内容。

6. 人员配备职能

在对组织结构及其运行机制进行了必要的设计以后,下一步就需要为不同的机构选择适当的人,即进行人员配置。所谓人员配备就是根据组织结构中所规定的职务数量和要求,对所需的人员进行恰当而有效地选择、使用、考评和培训的职能活动,其目的在于以合适的人员去充实组织结构中所规定的各项职务,从而保证组织活动的正常运行,实现组织的预订目标。这一部分将围绕人员招聘、人员培训与开发、人员绩效管理、人员薪酬管理几个方面进行介绍。

7. 领导职能

人是管理活动中最活跃的要素,任何活动的行为主体都是人,因此,指挥和协调计划以及实施过程中人与人之间的关系、激励和调动人的积极性是管理的基本工作之一。在一个组织中,领导工作就是管理者利用职权和威信施展影响,指导和激励各类人员努力去达成目标的过程。领导工作的重点在于调动人的积极性,协调人与人之间的关系。调动组织中一切可调动的因素,激励他人来协助我们共同去实现组织共同的目标。这一部分将介绍领导理论、激励与沟通。

8. 控制职能

控制是指在动态的环境中为保证组织既定目标的实现而进行的检查和纠偏活动或过程。控制是保证计划得以实施的重要环节。由于环境的不确定性、组织活动的复杂性和不可避免的管理失误,为了保证有效地实现目标,我们就必须对管理活动进行有效地控制,具体来说包括确立控制标准、衡量实际业绩、进行差异分析、采取纠正措施等环节。

本章小结

经济学经历了四个发展阶段:古典经济学、新古典经济学、现代宏观经济学和当代西方经济学。

微观经济学是研究市场机制及其作用,均衡价格的决定,以及考察市场机制如何通过调节个体行为来取得资源配置的最优条件和途径的一门科学。

微观经济学的主要内容包括:均衡价格理论、消费行为、生产理论、厂商理论、分配理论和微观经济政策等。

宏观经济学是从整体上考察国民经济运行及其规律的一门科学,用总量分析研究整个国民经济活动以解决资源充分利用的问题,最终是为了实现充分就业、物价稳定、经济持续增长、国际收支平衡这四大目标。

宏观经济学主要包括宏观经济理论、宏观经济政策和宏观计量模型三大部分。

管理学原理是以所有的组织所共有的管理问题作为研究对象，主要讲解管理的基本概念、基本理论和基本思维方式，是整个管理学科体系的基石。

管理学原理主要包括管理思想史、管理环境、管理职能（计划、组织、人员配备、领导和控制五大职能）等内容。

重要术语

微观经济学　　宏观经济学　　古典经济学　　新古典经济学　　管理学原理
管理职能

第五章

运营管理与质量管理

【学习目标】

通过本章的学习，了解运营管理和质量管理的知识框架，明确运营管理与质量管理课程在工商管理专业整个课程体系中所处的位置，初步了解运营管理与质量管理的相关知识。

【引导案例】

胡弗汉顿大学的质量认证

英国胡弗汉顿大学（University of Wolverhampton，曾译名"伍尔弗汉普顿大学"）坐落于英格兰中西部西米德兰兹地区——胡弗汉顿市，距英国第二大城市伯明翰市乘火车约20分钟。胡弗汉顿大学是英国第五大公立大学，也是中国与英国政府首批公布互认学历的英国院校之一。该大学的历史可以追溯到160多年前，1851年艺术学院成立，1889年科学、技术及商学院成立，1905年开始为优秀学生设立学生奖学金，1931年正式建立大学，并于1992年正式更名为胡弗汉顿大学。在2008RAE（英国高等学校的科研评估，英国最具权威的评估之一）评估中，该校艺术设计、法学、教育、历史、建筑等多项专业研究达到世界领先水平。RAE（Research Assessment Exercise，研究质量评估），是英国政府的一种大学质量控制管理体系，政府平均每隔4~5年对所有国立大学的研究质量进行一次评估，并将评定结果通过各大媒体和网站向社会公众公布。RAE星级是英国政府评定的，因而最有权威性，其评定结果也最具参考价值，一直是学生择校的主要参考依据。该校的研究水平在西米德兰兹地区13所高校中位居第六，其中建筑学研究位于西米德兰兹地区第三，法学研究位于西米德兰兹地区前列。为了肯定该校突出的研究水平，英国高等教育基金会拨款近两百万英镑作为该校的研究基金，该拨款数额是英国高等教育基金会对西米德兰兹地区高校拨款的最高金额，占高等教育基金会研究基金的6%，远远高于全国平均水平。

1994年8月1日，胡弗汉顿大学成为英国或许是世界第一所荣获ISO9000认证的大学。该大学的核心业务是"设计与传授学习经验，并提供研究与咨询服务"。这项工作原本并不包括在大学的常规工作计划之中，因为这将带来大量的附加工作，但可以肯定的是，如果大学内部体系中对工作有很好的记录，那么将很容易与外部认证机构沟通。因此，从长远来说，ISO认证可减轻员工的负担。然而，这并不是该大学追求ISO9000的目的，其真正意图在于提供"在一个大型的（根据英国的标准）、复杂的组织内，建立起一套合理记录全面质量的系统基础"。该系统反映了大学的所有活动，包括大学章程、教学程序、工作规则、政府文件、财务法规、健康与安全要求和许多其他项目，最终这些项目都要纳入质量体系之中。目前，ISO9000体系的声名很响亮。根据胡弗汉顿大学员工的说法，为此付出的代价是非常值得的。

资料来源：根据相关公开资料编写。

第一节 运营管理

对企业而言,要保证其正常活动,需要最基本的三项职能来支撑,即运营(operation)、营销(marketing)和财务(finance)。无论是制造型企业还是服务型企业,都设有从事这三项基本职能的部门。运营管理是企业最基本的活动,由与生产产品或提供服务直接相关的所有活动组成。运营管理既包含有形产品的转换过程,也包含无形产品的转换过程。

一、运营管理的产生和发展

1. 从手工生产到批量生产

手工生产是最早的商品和服务的组织形式。18 世纪末以前,农业一直都是世界各国的主导产业,制造业也只有手工作坊。流通的商品通常是由手工作坊的工匠们手工制作,同样的商品没有一模一样的。制造业效率很低,对工匠们手艺的要求很高。大部分行业一开始都是靠手工方式生产的,直到今天仍有不少产业沿袭这种生产方式,尤其是对产品和服务个性化需求较高的产业,例如定制服装行业。

工业革命使手工作坊式生产方式发生了根本变化。1765 年,瓦特发明了蒸汽机,为制造业提供了机械动力,将制造业推进到工厂时代。以前在家庭或者作坊里的生产活动被转移到了工厂里,工厂往往同时雇佣许多人,于是劳动分工开始出现。

劳动分工的思想非常简单,将一份工作分成若干部分,认为一份工作由多人完成可以提高劳动效率。虽然古希腊人在实践中运用了劳动分工的思想,但第一个从理论上分析劳动分工的人是亚当·斯密。斯密用制钉的例子来说明分工的合理性,他解释了劳动分工可以提高工作效率的三个原因:(1)工人的技能随着工作经验的增长得到提高;(2)减少了由于变换工作而损失的时间;(3)专用工具和机器的使用。

从手工生产到批量生产这个过程中,最重要的进步在于美国制造系统(american system of manufactures,ASM)的发展。ASM 可以被定义为:一套流程中,使用专用机器来生产可以互相替换的零部件。零部件互换性的基础是零部件的标准化。现代制造业的许多特征都与 ASM 有关,其中包括工厂的组织结构、专业化的机器设备、工作流程以及物料运输(如集装箱)、质量管理技术等。

2. 从批量生产到大规模生产

在手工生产转变成批量生产的过程中,伴随着工作方法的总结和发展,出现了后来被称为科学管理的思想体系。这一时期的生产组织和管理系统是由美国管理学家泰罗提出、发展和完善的,故命名为泰罗制。

现代生产系统有别于老式生产系统最显著的特征是 1913 年福特汽车公司流水装配线的建立。在这之后,一种新型的生产系统登上了历史舞台,由此开始了大规模生产、大批量销售的现代企业运营模式。福特公司用于大规模生产单一产品的生产系统具有生产效率高、生产连续性好、生产标准化程度高的特点。

3. 超越大规模生产

20世纪80年代，日本经济的飞速发展很大部分归因于其汽车和电子公司的竞争优势。大规模生产时代提倡专业化，而且公司的组织结构是职能结构，这样的结构形式虽然开始运转良好，但是到最后，每一种职能仅仅只关注自己的成长和运营需要，忽视了与其他职能部门的合作。事实上，要满足消费者的需求，不同职能需要在流程中重新整合，才能将顾客想要购买的产品送到他们手中。在运营过程中，越来越多的中间产品和服务都由其他厂商生产（或者称之为外包），那么，将供应商整合进生产系统的工作就显得越来越迫切，促使供应链管理成为运营管理的重要内容。从某种意义上来说，顾客也是流程的一部分，在许多服务型企业的运营管理过程中，其工作目的即把顾客有效地"整合"进来。

从运营管理的发展历程看，生产运营的多样化和高效率是相矛盾的，因此，在生产管理运营多样化的前提下，努力搞好专业化生产管理运营，实现多样化和专业化的有机统一，是现代运营管理追求的目标。随着信息技术的发展，由信息技术引起的一系列运营管理模式和管理方法上的变革，成为运营的重要研究内容。近30年来出现的计算机辅助设计（CAD）、计算机辅助制造（CAM）、计算机集成制造系统（CIMS）、物料需求计划（MRP）、制造资源计划（MRPII）以及企业资源计划（ERP）等，都在企业生产运营中得到广泛应用。

二、服务运营管理的演进

1913年4月1日，第一条装配流水线在美国密歇根州福特公司的高地公园投入使用，流水线使标准化生产和节拍式运行成为高效的代名词，大规模生产的标准化商品开始充斥市场。效率提升使得工厂对工人的数量需求降低，这一有效的工作方法逐渐被引入到服务型企业之中。不少服务型企业开始力求将服务岗位标准化、服务流程工艺化。当前，服务领域的标准化是力求借鉴制造企业的标准化的方法和工具，进而实现服务业的规模经济。

1. 流程标准化

流程标准化强调服务的系统性，这种手段和方法充分借鉴了流水线的基本思想，即将服务工作进行详细分解和分工，从提高服务效率和可靠性上来寻求最优流程进而标准化，这种标准化流程实际扩充了企业自身的服务能力，而且也保证了流程可靠性。

2. 服务标准化

服务通常是在消费者消费的同时才发生，服务的好坏取决于顾客在接受服务的"真实瞬间"（moment of truth，MOT），而在MOT中，服务接触（service encounter）直接影响客户满意度。服务接触实际上是服务过程中的人际接触（person-to-person encounter），这种接触往往决定了客户忠诚度。服务标准化实际上就是解决服务接触的标准化问题，企业需要想方设法在"接触瞬间"提炼出可以标准化的部分。服务型企业在这方面的努力主要体现在服装、仪表、语言、态度、行为等方面。

（1）服务人员语言标准化。语言是沟通的媒介，服务中有效沟通至关重要。很多服务企业在语言上对服务人员都有非常严格的规定，譬如接电话时的语言标准为"您好，我是某某公司某某部门的某某，很高兴为您服务"；客人来了，服务员的语言标准为"欢迎光临";客人离开时,语言标准为"您慢走,欢迎您再次光临"。

(2) 服务人员动作标准化。动作标准化完全源于科学管理思维在服务企业的运用。很多企业为了保证自己服务人员动作标准化,甚至不惜重金对服务人员进行标准化的礼仪培训。例如,在酒店前台的服务人员接待时要站立服务,两手交叉在体前或交叉在背后,两脚成"V"字形或与肩同宽,身体正直平稳,顾客光临时向顾客鞠躬或点头问候;引导顾客入座时向顾客指示方向,行进中两眼平视,正对前方,身体保持垂直平稳,无左右摇晃、八字步和罗圈腿,走在客人的右前方或左前方1.5~2步远距离处,身体略微侧向客人,等等。

(3) 服务人员态度标准化。服务态度的标准化是一种理想状态,实际操作时难度极大。例如,为了让服务笑容更灿烂,很多企业要求服务人员口含筷子进行笑容练习,以达到最佳微笑效果。这种标准化表面看起来是态度标准化,实际仍然隶属于动作标准化的范畴。因为服务态度涉及服务人员的情感成分,这方面的工作极难做到统一化、标准化。

3. 定制化服务

(1) 大规模定制。如果说服务标准化的工厂化思维把所有客户都同质化看待,定制化服务则开始慢慢接近服务的本质。客户对服务的评价常常是因人而异的,个性化的诉求和表达往往是客户接受服务的本质体现。然而出于对成本问题的考虑,服务企业仍然希望在满足个性化要求的基础上尽可能进行标准化。从个性中寻求共性成为服务企业运营中集中考虑的问题,大规模定制服务也就成为这一阶段的主要运营方式。1970年美国未来学家阿尔文·托夫勒(Alvin Toffler)在《未来大冲击》(*Future Shock*)一书中提出了一种运营设想:以类似于标准化和大规模生产的成本和时间,提供客户特定需求的服务。1987年,斯坦·戴维斯(Start Davis)将其界定为"大规模定制"(mass customization)。1993年,约瑟夫·派恩二世(Joseph Pine Ⅱ)在《大规模定制:企业竞争的新前沿》中这样描述:"产品多样化和定制化不能以增加成本为代价,而满足个性化定制的大规模生产或服务模式能够给企业带来经济价值和战略优势",这种模式就是大规模定制。

(2) 个性化定制。如果说大规模定制是为了考虑个性化需求的基础上进行客户的分类,那么个性化定制就不再对客户进行分类了,因为对个性化产品来说每一个客户就是一类。当然对于企业的服务成本来说自然很高,如果客户愿意为个性化需求提供补偿,那么企业的个性化定制自然也就成为服务运营中的重要方式。由于互联网的普及和移动互联的应用,消费者的行为逐渐从不可记录转变为可以留下痕迹,这些痕迹成为企业服务客户的重要基础,消费者行为的历史痕迹逐渐形成了巨量资料,这些巨量资料构成了我们所处的时代——大数据时代。大数据时代中大数据具有"4V"的特点:数量多(volume)、速度快(velocity)、种类多(variety)、数据准(veracity)。这种"4V"特点为个性化定制提供了很好的基础,企业需要做的只是对现有数据进行有效挖掘与整合,构建有效个性化服务的基础。

(3) 个性化体验。在有形产品与无形服务之外,体验(experience)成为消费者意欲得到的一种重要消费内容,当然这也体现了经济社会的进步。体验是除了商品和服务之外的另外一种经济提供物。顾客、商人和经济学家都倾向于把体验归到服务业,与餐饮、零售、汽车修理等服务内容混为一谈。事实上,当消费者购买服务时,他所购买的是一组非物质形态的活动，但如果他购买了体验就是购买了一系列值得记忆和回味的事件（这些事件是消费者自己愿意花时间去经历的）。约瑟夫·派恩二世和詹姆斯·吉尔摩（James H. Gilmore）将经济形态演变和企业提供的基本物质进行了区分，并分析了不同经济形态下企业供给内容和内容关键属性的不同点，如表 5-1 所示。

表 5-1 经济形态区分

经济提供物	产品	商品	服务	体验
经济	农业经济	工业经济	服务经济	体验经济
经济功能	采掘提炼	制造	传递	舞台展示
提供物性质	可替换的	有形的	无形的	难忘的
关键属性	自然的	标准的	定制的	个性化的
供给方法	大批存储	生产后库存	按需求传递	一段时期后披露

资料来源：B. J. Pine, Ⅱ and J. H. Gilmore, "Welcome to the Experience Economy", Harvard Business Review, July – August 1998, 95 – 105.

三、运营管理的主要内容

1. 运营管理的内容结构

运营管理主要研究企业如何高效地将输入端转换为市场需要的输出端，其关注的是企业产品或服务价值增值的全过程，因此必然涉及一些具体的思想和手段。与战略管理的宏观思维不同，运营管理更多的是强调将战略意图和市场需求落实到企业的整个生产或服务过程之中，不仅要在效率上满足要求，还要在效果上与战略相匹配。运营管理的基本框架如图 5-1 所示。

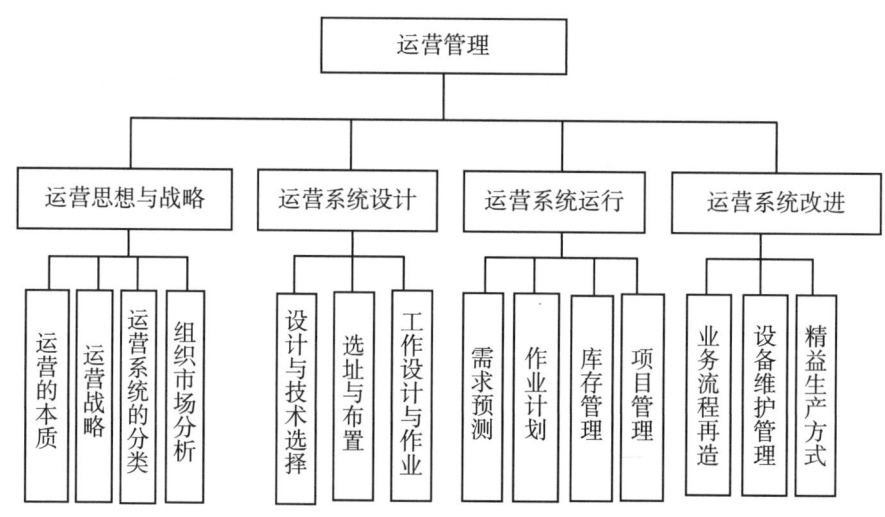

图 5-1 运营管理的基本框架

资料来源：Heizer & Render, Operations Management (11th Edition), Pearson Education Inc., 2014.

2. 运营思想与战略

运营思想与战略，包括运营的本质、运营战略、运营系统的分类和组织市场分析。其中运营的本质与企业的效率、可持续性紧密关联，它奠定了我们对运营的系统认识，描述了企业创造价值的系列活动组合，即从输入端到输出端这一过程上的所有内容；运营战略是企业战略体系中的一个职能层级战略，它的核心是以企业愿景、使命和公司整体战略为方向和指导，系统设计和实施企业的运营活动，是运营管理过程和管理系统的根本性谋划，主要解决的是运营管理职能领域内如何支持和配合企业在市场中获得竞争优势等有关问题；运营的系统分类是从战略上将运营系统划分为结构性系统（包括设施选址、运营能力、纵向集成和流程选择等）和基础性系统（包括劳动力数量和技能水平、产品质量、生产计划和控制以及组织结构等）；组织市场分析是将未来的实际需求尽可能变得已知，其实际工作是进行预测，这其中包括了经济预测、技术预测以及需求预测。

3. 运营系统设计

运营系统设计包括设计与技术选择、选址与布置、工作设计与作业。运营系统设计是要在企业运营战略的指引下，以确保运营系统的良好运行为目标，通常在企业创业、工厂或店面设施的建造阶段进行。由于运营系统设计会涉及长期的责任，即设计决策一旦作出，将会影响后续的投资行为、运营成本、劳动力可能性等一系列问题，因此，运营系统设计非常重要。但这里并不是说运营系统设计一经完成就不能更改，事实上在运营系统的生命周期内，不可避免地要根据企业内外部环境的变化对运营系统进行更新，包括为新增地点进行重新选址、扩建现有设施、增加新设备，抑或由于产品和服务的变化，需要对现有的运营设施进行调整和重新布置。不论是运营系统的初设还是更新与调整，都要涉及运营系统设计问题。

4. 运营系统运行

运营系统运行主要是指企业如何利用现有的运营系统适应外部市场变化，并针对顾客的需求，生产出适销对路的合格产品或提供令顾客满意的服务。其包含的内容较为丰富，主要有需求预测、作业计划、库存管理和项目管理等。在运营系统运行过程中，要充分发挥计划、组织与控制的基本职能。

首先，计划方面主要是解决生产什么、生产多少和何时出产的问题，要通过对需求的预测，确定产品或服务的品种指标、产量指标和质量指标，编制综合计划和主生产计划，确定产品出产的作业次序与进度安排，并利用物料需求计划做好原材料的采购。其次，组织方面是要通过对生产要素的组织安排，使有限的资源得到充分而合理的利用。最后，控制方面是要解决如何保证运营系统能够按照作业计划标准完成任务的问题。为了保证运营任务的顺利完成，需要利用项目管理统筹规划运营项目的进度，并在必要时进行时间——成本或时间——资源的优化，还要利用形式多样的库存模型对订货、库存与成本进行控制，并结合计划的监督作用对生产进度进行控制。

5. 运营系统改进

运营系统改进主要是指如何通过质量管理、设备管理等手段对系统存在的缺陷与漏洞进行实时的改进与提升，主要包括业务流程再造、设备维护管理、精益生产方式等。业务流程再造、精益生产等先进工具的使用，有利于促进运营系统的不断改进与升级。

第二节 质量管理

一、质量及质量管理的概念

　　质量管理是管理科学中的重要分支,也是工商管理专业课程体系中的一门核心课程。质量(quality)在西方的语境中本身就是好、有质量、质量好的意思。在用户的眼里,质量不是一件产品或一项服务的某一方面的附属物,而是产品或服务各个方面的综合表现特征。我们往往将质量作为衡量产品或服务优劣的一项指标,而质量的感知是因人而异的,不仅仅是从用户的角度出发,从企业的员工角度出发也会对质量有着不同的感知。人们对质量的评价往往有很大的主观性。质量的本质是用户对一种产品或服务的某些方面所做出的评价。

　　对于不同类型的产品或服务,质量的概念有不同的具体维度。在有形产品质量上,可划分的维度包括:(1)功能:实现产品主要用途的特性;(2)特殊性能:额外特性;(3)一致性:一件产品满足相关要求的过程;(4)可靠性:产品所具备性能的稳定性;(5)寿命:产品或服务正常发挥功能的持续时间;(6)美学性:外观,感受,嗅觉和味觉。而对于无形的服务质量水平,其测量的维度则包括:(1)便利性:服务的可接近性和可达性;(2)可靠性:独立地、一致地和准确地执行服务发生的能力;(3)责任心:服务人员自愿帮助顾客处理异常情况的责任感;(4)响应:提供服务的快捷性;(5)准确性:接待顾客的工作人员在该服务领域所具备的知识和提供可靠服务的技能;(6)周到:接待顾客的工作人员对顾客的方式;(7)视觉上的感受:设施、设备、人员和用于沟通的硬件的直观表现。

　　质量在不同的情况中有更多不同的含义。比如,质量要满足或超过顾客的期望,因此质量要有适用性。营销大师斯蒂芬·布朗曾在《哈佛商业评论》发表过一篇名为《折磨你的顾客》的文章,针对当时"以顾客为中心"的营销模式提出了逆向思维,故意搞饥饿营销,不放出满足市场需求的货量,使顾客愿意花时间和花精力来抢购你的商品,当然,前提是你的商品东西质量要好,否则饥饿营销也并非好手段。有时,质量表现为企业对消费者负责的态度与行为。例如海底捞火锅食品安全问题的曝光,体现了其质量管理存在的重大缺陷。企业对公众负责任的态度也属于企业的质量管理,负责任的企业才能在成功之路上越走越远。

　　同样,质量高低还表现为产品上市后给社会所造成的损失程度。日本质量管理专家田口玄一博士认为:产品质量的好坏不能单纯看是否符合公差。公差只是人为决定的判断标准,并不表示产品内在质量的好坏,而内在质量的好坏主要由质量特性偏离设计中心制的大小来决定,即所谓容忍区间。海底捞火锅事件也体现出了不同顾客对产品质量的容忍区间。有的顾客认为其曝光出来的食品安全问题严重,海底捞在重大食品安全问题上失守,这不是一般的错误,而是触碰了底线,应该受到处罚和谴责,对其不容忍;而有的顾客则认为这种食品安全问题很多,而海底捞官方解决问题迅速、态度良好、负责任、不推卸,认为其作为大企业还是能够接受，对其采取容忍的态度。

二、质量管理的历史发展与演进

1. 质量检验阶段

质量管理的发展可以分为三个阶段：质量检验阶段、统计控制阶段、全面质量管理阶段。人类社会一开始就存在质量管理实践，只不过缺乏质量管理的相关理论，仅有一些技巧和方法。《周礼·考工记》是中国历史上较早的、有文字记载相关实践的文献，其中记载了关于一些产品生产的具体过程和参数要求，包括农具应该怎样生产，以及战争中使用的一些兵器的生产。这是中国比较早的质量管理实践中的经验总结。

在质量检验阶段，人们对质量管理的理解还只限于质量的检验。就是说通过严格检验来控制和保证转入下一道工序或出厂的产品质量。这一阶段的质量管理经历了三个进程。(1) 操作者的质量管理。20世纪以前，产品的质量检验主要依靠手工艺者的手艺和经验，手工艺者参与工艺品生产的全过程，对自己制作的工艺品的自豪感和看中自己的名声使手工艺者对产品的质量进行鉴别、把关。(2) 工长质量管理。20世纪初，工业革命产生了劳动分工：每个工人仅对每件产品的一小部分负责。美国出现了以泰勒为代表的"科学管理运动"，泰勒提出了在生产中应将计划与执行、生产与检验分开的主张，强调工长在保证质量方面的作用，把执行质量检验的责任由操作者转移给工长。(3) 检验员的质量管理：1940年前后，由于企业生产规模的不断扩大，质量检验职能由工长转移到专职检验员。大多数企业都设置了专职的检验部门，配备有专职的检验人员，用一定的检测手段负责全厂的产品检验工作。对生产出来的产品进行质量检验，鉴别合格品或废次品。

2. 统计质量控制阶段

由于第二次世界大战对军需品的特殊需要，单纯的质量检验已不能适应战争的需要，因此，美国组织了数理统计专家到国防工业中去解决实际问题。这些数理统计专家在军工生产中广泛应用数理统计方法进行生产过程的工序控制，产生了非常显著的效果，保证和改善了军工产品的质量。后来，这一方法又被推广到民用产品之中，这给各个公司带来了巨额利润。这一阶段的特点是利用数理统计原理在生产工序间进行质量控制，预防产生不合格品并检验产品的质量。在方式上，责任者也由专职的检验员转移到专业质量控制工程师和技术人员。这标志着之前事后检验的观念改变为预测质量事故的发生，并事先加以预防的观念。由于这个阶段过于强调质量控制的统计方法，使人们误认为"质量管理就是统计方法，是统计学家的事情"，因而在一定程度上限制了质量管理统计方法的普及推广。

3. 全面质量管理阶段

全面质量管理（total quality management，TQM）起源于美国，后来在一些工业发达国家开始推行。20世纪60年代后期，这一方法在日本又有了新的发展。所谓全面质量管理，就是企业全体人员及有关部门同心协力，把专业技术、经营管理、数理统计和思想教育结合起来，建立起产品的研究设计、生产制造、售后服务等活动全过程的质量保证体系，从而用最经济的手段，生产出用户满意的产品。其基本核心是强调提高人的工作质量，保证和提高产品质量，达到全面提高企业和社会经济效益的目的。基本特点是从过去的事后检验和把关为主转变为预防和改进为主；从管结果变为管因素，把影响质量的诸因素查出来，抓住主要矛盾，发动全员、全部门参加，依靠科学管理的理论、程序和方法，使生产的全过程都处于受控状态。全面质量管理是全员参加的、全企业的质量管理，所采用的管理方法应是多种多样的。

全面质量管理是在统计质量控制的基础上进一步发展起来的。它重视人的因素，强调企业全员参加，全过程的各项工作都要进行质量管理。它运用系统的观点，综合而全面地分析研究质量问题。它的方法、手段更加丰富、完善，从而能把产品质量真正地管起来，产生更高的经济效益。当前世界各国的大部分企业都在结合各自的特点运用全面质量管理，各有特点，各有所长。

三、质量管理的主要内容

1. 质量管理的内容结构

质量管理是思想和工具的结合，包含了质量管理的理念、体系和方法，因此在内容结构上包括三个重要部分，第一部分要求质量管理者了解质量管理的基本理念，这些理念有时与我们的日常管理控制大相径庭；第二部分是质量管理的核心内容，即质量管理体系的建立；第三部分是质量管理工作中常用的工具和方法。整个课程内容结构如图5-2所示。

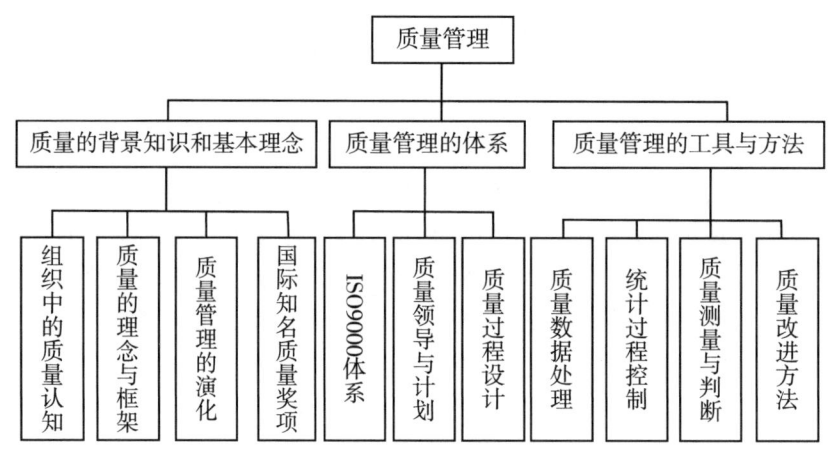

图5-2　质量管理的内容结构

资料来源：刘广第，《质量管理学》（第二版），清华大学出版社2003年版，作者整理绘制。

2. 质量的背景知识和基本理念

质量的背景知识和基本理念是学习质量管理的基础，主要包括组织中的质量认知、质量的理念与框架、质量管理的演化、国际知名质量奖项等。组织中的质量认知是指利益相关者对质量的界定，不同的认知带来组织对质量的不同界定与后续管理，这种界定决定了质量是从认知开始的，具有一定程度上的主观性；质量管理的理念和框架部分讲述不同质量管理大师的视角,这些理念在质量管理实践中成为指导组织进行质量管控的重要指导思想。质量管理的演化是指随着时间、技术的变化,质量管理的观念、工具和手段的发展变化历程;质量管理的国际知名奖项主要包括美国波多里奇质量奖、日本戴明奖以及欧洲质量奖,还包括中国质量奖和全国质量奖,帮助学生了解中国质量奖和全国质量奖评选过程、参评标准等内容。

3. 质量管理的体系

质量管理的体系主要包括 ISO9000 系统、质量领导与计划、质量过程设计等。ISO9000 系统是指国际标准化组织制定的国际标准之一,是指"由 ISO/TC176(国际标准化组织质量管理和质量保证技术委员会)制定的所有国际标准",该标准可帮助组织实施并有效运行质量管理体系,是质量管理体系通用的要求和指南。我国在 20 世纪 90 年代将 ISO9000 系列标准转化为国家标准,随后,各行业也将 ISO9000 系列标准转化为行业标准;质量领导与计划是质量管理的战略思维,意味着将战略融入企业的战略计划中,将方针管理(compass management)引入质量管理之中,为组织指明正确方向;质量过程设计囊括了开发过程设计、制造过程设计、使用过程设计以及服务过程设计,强调过程质量的一套事前的体系化安排,这其中包括了质量功能扩展、业务流程改善与再造等内容。

4. 质量管理的工具与方法

质量管理的工具与方法主要包括质量数据处理、统计过程控制、质量测量与判断、质量改进方法等。质量数据处理是指质量数据收集、整理、统计特征等方法;统计过程控制则应用统计技术对过程中的各个阶段进行监控,从而达到保证与改进质量的目的,强调全过程的预防;质量测量与判断是通过数据图示、统计的假设检验、统计推断、回归模型等一系列定性定量方法对质量进行测量和判断,从而为后续改进提供依据;质量改进方法是在质量判断基础上,分析质量问题产生的原因后再有针对性地解决问题的方法,包括质量管理的老七种方法,即分层法、检查表法、因果图法、排列图、直方图、散布图、控制图,以及新七种方法,即 1977 年诞生于日本的七种新型工具,包括亲和图(又叫"KJ法")、关联图、系统图、过程决定计划图(又叫"PDPC法")、矩阵图、矩阵数据解析法、箭线图。当然,在质量管理过程中还会使用直方图、检查表、实验设计等方法对质量数据进行分析并有针对性地提出质量改进的方案。

本章小结

运营管理的发展演进可从制造和服务两个视角看待。从制造视角来说,运营管理经历了四个阶段:手工生产、批量生产、大规模生产、超越大规模生产。

运营管理的主要内容包括运营思想与战略、运营系统设计、运营系统运行、运营系统改进四个部分。

质量管理经历了三个发展阶段:质量检验阶段、统计质量控制阶段和全面质量管理阶段。

世界著名的三大质量奖项分别是美国波多里奇质量奖、日本戴明奖和欧洲质量奖。

重要术语

个性化定制　　批量生产　　大规模定制　　全面质量管理　　零缺陷
统计质量控制

第六章

市场营销与市场调研

【学习目标】

通过本章的学习,了解市场营销学和市场调研课程在工商管理专业培养计划中的作用,掌握市场营销课程的主要结构体系,了解市场调研课程的学习要求和内容。

【引导案例】

速溶咖啡的滞销

咖啡是西方人日常生活中常备饮品,产销量巨大。风靡世界的雀巢速溶咖啡,今天被人们奉为饮料佳品,但它刚问世时,却一度遭受冷落。20世纪40年代,为了适应生活的快节奏,雀巢公司率先研制出了速溶咖啡并投入市场。这种速溶咖啡免去磨咖啡豆、煮咖啡等烦琐的制作工序,只要用开水一冲即可享受一杯香浓美味的咖啡,而且保持了普通咖啡的优点。但是不久,雀巢公司就发现,尽管速溶咖啡有简单、快捷、方便等许多优点,而且符合人们快节奏的生活实际,但速溶咖啡在市场上还是遇到了强有力的抵制。虽然花在速溶咖啡广告上的钱比普通咖啡广告上的钱多得多,可是人们仍然是购买普通咖啡而不购买速溶咖啡,速溶咖啡的消费量仅占整个咖啡消费量的极小部分。

为弄清速溶咖啡为什么受到消费者的排斥,雀巢公司进行了大量的调查,当人们被问及为什么不喝速溶咖啡时,通常的回答就是速溶咖啡的味道不如现煮的咖啡。因此,公司的广告将重点放在强调速溶咖啡的味道并不差,而且还有快速方便等优点上,但并未取得很好的效果。后来,雀巢公司开展了一项定性研究。向调查对象展示两个超市的购物清单,然后请她们对购物的家庭主妇进行描述。两份清单除了其中的一个有速溶咖啡而另一个没有以外,其余项目完全相同。结果,调查对象将有速溶咖啡的这份购物清单的主人描述成懒惰的、没有生活品位的人。

原来,当时烹制一手好咖啡是贤惠、勤劳主妇的象征,而主妇之所以不愿购买速溶咖啡,是因为在她们看来只图省事,有违传统美德。人们也普遍认为购买速溶咖啡的妇女不是一名好妻子,也就是说,速溶咖啡的产品形象是它的使用者是懒惰的家庭主妇。而当时速溶咖啡的广告中大量采用省事、经济等词语来描述速溶咖啡,加重了速溶咖啡的不利形象。与此相反,普通咖啡的广告一再强调咖啡的味道、芳香和醇厚,使人置身于它的香味和令人愉快的煮咖啡的乐趣中。很多家庭主妇不买速溶咖啡是怕被人觉得自己懒惰,缺乏生活品位。

根据这一结果,雀巢公司立即调整广告宣传,重新进行广告策划,宣传的重点从强调省时方便和速溶咖啡的味道,改为宣传速溶咖啡代表着效率和时尚的生活方式,人们消费这种咖啡可以腾出更多精力去做其他事情,创造更多的财富和生活乐趣。根据这一宣传宗旨,公司挑选最具温柔、善良、贤惠形象的女模特，为速溶咖啡做广告，广告媒体以杂志为主。于是，"雀巢咖啡"在各种妇女杂志刊登色彩鲜艳、内涵丰富的全页广告：颗粒饱满的棕色咖啡作为背景陪衬着热气腾腾的咖啡，广告上"百分之百的纯正咖啡""满足你的咖啡瘾"等广告词十分醒目，并告诉人们，这就是美好温馨的生活。广告一出，由于迎合了人们的心理和消费习惯，消除了人们认为饮用速溶咖啡是懒惰的表现的误解和心理疑虑，速溶咖啡的消费量迅速增加，速溶咖啡的新形象获得了广大公众的认可。

资料来源：根据网络公开资料编写。

第一节 市场营销

一、市场营销学的产生和发展

1. 市场营销的萌芽阶段

市场营销学是一门研究市场营销活动及其规律性的应用科学。20世纪初产生于美国，是西方社会城市化、市场化发展的产物。

这一时期，世界主要的资本主义国家先后完成了工业革命，资本出现了积聚和集中，大规模工厂化生产开始取代个体手工作坊生产，现代意义上的社会化大生产方式促进了生产规模的扩大，提高了劳动生产率。与此同时，以泰罗为代表的工程师群体开始在企业管理实践中推广使用科学管理等理论、方法，这些理论与方法的主要目标是提高生产效率、增加产品产出。这些大型企业在切实地提高了生产效率后，也要面对如何扩大产品销路的问题。随着商品经济的发展，城市人口的集聚，市场竞争日益尖锐化。分销成为商业系统中亟待解决、大有可为的现实问题，大型企业逐渐开始思考如何采用各种直接和间接的措施来提高产品销量。

在这种形势下，分销、产品定价和广告等问题开始引起学者的关注，大学中开始开设相关课程，如1905年，克罗西在宾夕法尼亚大学讲授"产品市场营销"；1910年，拉尔夫·巴特勒（Ralph S. Butler）在威斯康星大学讲授"市场营销方法"课程，并出版了一些市场营销方法方面的小册子；1912年，赫杰特齐编写的第一本以"市场营销"命名的教材问世；1913年，洛易斯·韦尔德在威斯康星大学开设"农产品市场营销"课程，并于1916年出版了《农产品市场营销》一书。这时的市场营销学的内容，仅限于商品分配和广告推销，现代市场营销的原理和概念尚未形成，还没有形成完整的理论。但是，这一阶段学者们关注到了传统经济理论中普遍忽视的商业活动，将商业活动从生产活动中分离出来做专门的研究，这在当时是极具创新的举动，一些营销领域的新概念被陆续提出，初步形成了初始的学科体系。

2. 市场营销的形成阶段

从20世纪20年代到50年代，是市场营销学的形成时期，市场营销的研究范围逐步扩大，对社会的影响也逐渐扩展。

美国经济经历了20年代的快速发展和繁荣后，盲目扩大的生产带来日益膨胀的商品供应量，大大超过国内外市场相对稳定的市场容量。生产能力过剩与市场需求不足之间的尖锐矛盾导致 1929 年爆发了大范围的经济危机。从 20 世纪 30 年代开始，主要资本主义国家的商品市场明显呈现供过于求的状态。这时，企业界广泛关心的首要问题已经不是扩大生产和降低成本，而是如何把产品销售出去。为了争夺市场，解决产品价值实现的问题，企业主开始重视市场调查，致力于扩大销路并在实践中积累了丰富的经验。

1937 年，美国全国市场营销学和广告学教师协会、美国市场营销学会合并组成了美国市场营销协会（American Marketing Association，AMA），并在全国设立了几十个分会。该协会从事市场营销研究和营销人才的培训工作，出版市场营销专刊和市场营销调研专刊，对市场营销学的发展起到了重要作用。市场营销协会的成立被认为是市场营销学发展史上的一个重要的里程碑，它标志着市场营销学已经跨出了大学讲坛，引起了整个社会的兴趣和关注，从学校到企业，从课堂到社会，营销学原理应用于实践，营销实践经验的总结又不断丰富了营销理论，既显示了市场营销学的实践性、应用性的特点，又加速了市场营销学理论的发展。

3. 市场营销的发展阶段

第二次世界大战以后，随着战时经济向和平时期转变，美国的经济实力骤然增长。战后的和平条件和科技水平的进步，促进了生产力的高度发展。社会产品数量剧增，花色品种日新月异。战后，现代跨国公司在美国获得空前的发展，它们拥有巨额的资本、广泛的经营范围，企业间的竞争更加激烈，销售矛盾更为尖锐。战后资本主义国家先后推行高工资、高福利、高消费以及缩短工作时间的政策，在一定程度上刺激了需求，但并未引起实际购买的直线上升。消费者的需求和欲望在更高层次上发生变化，对社会供给提出了更高的要求。

传统的市场营销学侧重于商品推销的观念，越来越不能适应新形势的要求，新的形势促使市场营销学发生了深刻的变化。学者们提出以消费者需求为中心的市场营销新观念，将传统的"生产—市场"关系颠倒过来，企业不是生产出产品再考虑如何销售，而是以消费者为中心，根据市场需求来组织生产及其他企业活动。这一新观念导致市场营销学基本指导思想发生的变化，被称之为市场营销学的一次革命。

这个时期，营销思想的领域被相当程度地扩大了，行为科学和数学等出现于市场营销学的主流研究中，许多具有重要意义的概念在这一时期被提出，如营销观念（John McKitterick，1957）、"4P"理论（E. Jerome McCarthy，1960）、品牌形象（Burleigh Gardner & Sidney Levy，1955）、营销管理（Philip Kotler，1967）等。20 世纪 60 年代，世界各大学已将市场营销学列为商学院的主要课程之一，市场营销学科开始成为商学院的支柱学科。

4. 市场营销的完善阶段

1980 年以来，社会环境发生了巨大的变化，经济全球化趋势日益明显，信息技术迅速发展，这些变化促使企业的营销活动不断面临新的挑战，关系营销、绿色营销、体验营销、网络营销等新的营销理论不断涌现和发展，极大地丰富了市场营销学的理论内容。随着时代的发展，不同的学科日益相互渗透，市场营销学已经与社会学、经济学、统计学、心理学等学科紧密结合，成为一门很接近实际的应用科学。市场营销学的形成和发展，与企业经营在不同时期所面临的问题及其解决是紧密联系在一起的。

市场营销学在中国的传播和发展是从 20 世纪 70 年代末，国内实行改革开放开始的。

市场营销学从开始引入传播到推广应用，走的是一条从模仿跟随到有所创新的道路。引入期基本是以模仿为主，企业界逐渐形成营销意识，市场营销的运用热潮开始从外贸企业、商业企业逐步扩展到国有企业，从消费品市场扩展到工业品市场。进入21世纪以后，中国企业的市场营销活动开始出现一些微观创新，例如中国市场实践中的营销技术和手段，对具有中国文化特点的营销思路和方法等的探索。随着独具特色的互联网经济的发展，中国的市场营销学界已经并正在积极地对营销学理论和实践做出新的贡献。

二、市场营销学的特点与学习意义

1. 市场营销学的特点

市场营销学的研究对象是以满足消费者需求为中心的企业营销活动过程及其规律，是一门以经济科学、行为科学、现代管理理论和现代科学技术为基础的综合性应用科学。市场营销学具有以下特点。

（1）**市场营销是一门应用科学，既具有科学性又具有艺术性**。市场营销于20世纪初从经济学的"母体"中脱胎出来，经过几十年的演变，已经成为建立在多种学科基础上的应用科学。市场营销是对市场营销活动规律的总结和概括，它阐明了一系列概念、原理和方法，是一门科学。同时，市场营销在企业中具有较高的实践性，营销实践活动必须与所处的情境紧密相关，灵活地运用相关理论，技巧地选择营销方法，从这一点来说，市场营销活动具有较高的艺术性。

（2）**市场营销既包括宏观市场营销，也包括微观市场营销**。宏观市场营销从社会总体交换层面研究营销问题。它以社会整体利益为目标，研究营销系统的社会功能和效用，主要解决经济社会中生产者与消费者之间的矛盾，通过市场营销系统引导各企业生产的产品传递到广大用户手中，不断地促进社会总供需的平衡，提高整个社会的福利水平。微观市场营销活动是宏观市场营销活动的基础。微观市场营销活动的主体是企业，是从企业角度出发，有计划地组织市场营销活动，围绕产品或价值的交换，进行经营决策和管理，实现企业的营利目标。工商管理专业的市场营销学习主要集中在微观市场营销学。

2. 学习市场营销的重要意义

著名管理学家德鲁克曾说过，现代企业最重要的职能只有两个，一个是创新，另一个就是营销。从世界范围的企业管理实践来看，市场营销在不同的时期内，引起了不同行业的重视。在美国，最早认识到市场营销重要性的是日用消费品公司，如宝洁、西尔斯等公司，其次是耐用消费品公司，之后是面向工业市场的钢铁、化工、造纸等行业。20世纪80年代以来，服务行业如航空业、银行业等逐渐接受了市场营销思想。航空公司开始研究顾客对各项航空服务的态度，如时刻表的安排、行李的处理、飞行过程中的服务、态度是否友好、座位是否舒适等。近20年以来，市场营销理念已渗入世界各国的非营利组织，如学校、医院、博物馆、政府部门等。市场营销在这些行业中已引起了不同程度的关注，得到了不同程度的采纳。

市场营销学在企业中的地位和重要性也经历了一个演变的过程。最初，营销职能与生产职能、财务职能、人事职能等处于同样重要的地位，企业在各个职能部门之间的地位以及职能部门经理参与经营决策时的权重也都是相等的。当出现市场需求不足、竞争激烈、销售下降、成本提高等情况时，企业高层管理者往往会意识到营销职能确实比其他职能更为重要，因此在资源配置、部门经理决策权重等方面向营销部门倾斜。随着营销实践的发展和市场竞争的加剧，越来越多的企业高层管理人员认识到，市场营销部门是连接市场需求与企业反应的桥梁、纽带，要想有效地满足顾客需要，就必须将市场营销置于企业的中心地位。

学习市场营销学，有助于增强企业市场竞争力。在社会主义市场经济条件下，企业是自主经营、自负盈亏的法人实体。企业研究和运用市场营销原理，了解消费需求，分析市场环境，制定和实施有效的营销组合策略，将有助于提高企业经营能力，改善管理水平，增强企业面对环境变化的应变与竞争能力。

三、市场营销学的主要内容

1. 市场营销学的内容结构

市场营销是研究以满足顾客需求为中心的企业市场营销活动过程及其规律的学科。市场营销不同于销售或促销，销售仅仅是现代企业市场营销活动的一部分，而且不是最重要的部分。现代企业市场营销活动包括市场营销研究、市场需求预测、新产品开发、定价、分销、物流、广告、公共关系、人员推销、销售促进等。

市场营销者是指希望从他人那里取得所需资源并愿意以某种有价之物作为交换的人。市场营销者可以是卖方，也可以是买方。假如有几个人同时想买正在市场上出售的某种稀缺产品，每个准备购买的人都尽力使自己被卖方选中，这些购买者就都在进行市场营销活动。如果买卖双方都在积极寻求交换，那么，我们就把双方都称为市场营销者，并把这种情况称为相互市场营销。

市场营销学的主要应用领域是企业，为了适应企业产品经营和销售业务的需要，微观市场营销学日益与经营决策和管理相结合，形成市场营销原理和市场营销管理两大系列，主要包括市场分析、目标市场营销、市场营销组合、营销活动组织、营销创新等内容，基本框架如图6-1所示。

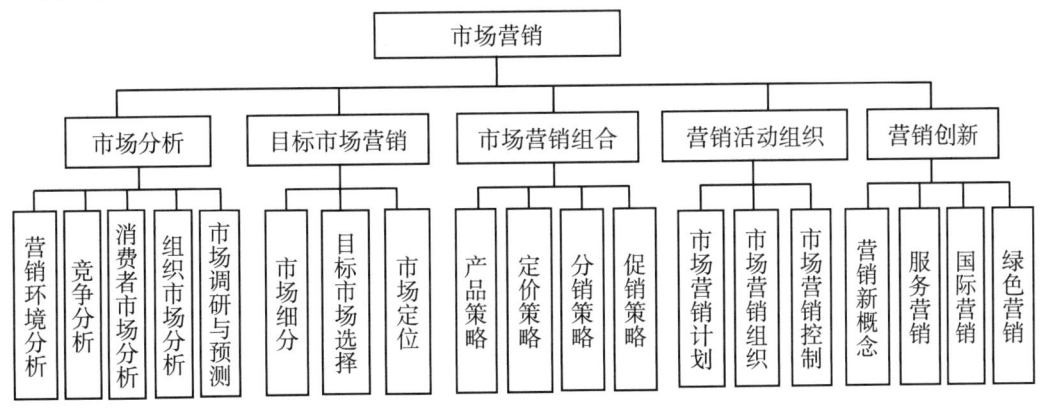

图 6-1　市场营销学基本框架

资料来源：郭国庆、陈凯，《市场营销学》，中国人民大学出版社 2015 年版，作者整理绘制。

2. 市场分析

市场营销分析包括营销环境分析、竞争分析、消费者（组织）市场分析、市场调研与预测等内容。

营销环境分析是指对影响公司的市场和营销活动的各类因素与动向进行监控与分析。外界环境对企业生存和发展有着重要的影响，每个企业都和市场营销环境的某个部分相互影响、相互作用。企业的外界环境总是处于不断变化的状态之中。在一定时期内，经营最为成功的企业一般是能够适应相关环境的企业。企业得以生存的关键，在于它在环境变化需要新的经营行为时所具有的自我调节能力。适应性强的企业总是随时关注环境的发展变化，通过事先制定的计划来控制变化，以保证现行战略对环境变化的适应。

竞争分析是识别企业的主要竞争者，了解每个竞争者在市场上追求的目标和实施的战略，通过分析竞争者具备的各项能力了解其优势、劣势，在此基础上判断竞争者对降价、促销、推出新产品等市场竞争战略的反应。通过竞争者分析，企业可以明确自己在同行业竞争中所处的位置，进而结合自己的目标、资源和环境，以及在目标市场上的地位等来制定市场竞争战略。

消费者市场分析和组织市场分析是指对企业的两类主要顾客进行分析。消费者市场是指所有为了满足个人消费而购买产品和服务的个人和家庭所构成的市场。组织市场是指所有为满足其各种需求而购买产品和服务的组织机构所构成的市场。分析影响两类顾客购买行为的主要因素及其购买决策过程，对于开展有效的营销管理活动至关重要。

3. 目标市场营销

通过市场分析，企业发现了有吸引力的市场机会后，还要进一步进行市场细分、目标市场选择和市场定位。

市场细分是指营销者通过市场调研，依据消费者的需要和欲望、购买行为和购买习惯等方面的差异，把某一产品的市场整体划分为若干消费者群的市场分类过程。每个消费者群都是一个细分市场，每一个细分市场都是由具有类似需求倾向的消费者构成的群体。

目标市场选择是指经过市场细分后，企业准备以相应的产品或服务，满足具有相似需要的一个或几个细分市场的决策。这一选择是在市场细分的基础上进行的，是企业依据自身的经营条件而选定或开拓的特定需要的市场。

市场定位是对企业的产品或服务进行设计，从而使其能在目标顾客心目中形成独特的、有价值的市场形象。市场定位的实质是将本企业的产品与其他企业严格区分开来，并使顾客明显感觉和认知这种差别，从而在顾客心目中留下特殊的印象。

4. 市场营销组合

市场营销组合是指企业为进入目标市场、满足顾客，整合、协调使用的市场营销手段，主要包括产品（product）、价格（price）、地点（place）和促销（promotion），即"4P"。

产品策略是企业为了在激烈的市场竞争中获得优势，在生产、销售产品时所运用的一系列措施和手段，包括产品定位、产品组合策略、产品差异化策略、新产品开发策略、品牌策略以及产品的生命周期运用策略。这是市场营销组合策略的基础。

定价策略是企业分析影响定价的因素，选择适当的定价方法，并灵活地运用价格这一工具来影响顾客需求。价格是营销组合因素中十分敏感又难以控制的因素，它直接关系着市场对产品的接受程度，影响着市场需求和企业利润的多少，涉及生产者、中间商、消费者等各方面的利益。这要求企业既要考虑成本的补偿，又要考虑消费者对价格的接受能力。

地点通常称为渠道或分销策略，是指企业通过适当的分销渠道，将产品和服务以适当的数量和地域分布来满足目标市场的顾客需要。主要涉及分销渠道及其结构，分销渠道策略的选择与管理，批发商与零售商管理等内容。

促销策略是指企业如何通过人员推销、广告、公共关系和营业推广等各种促销方式，向消费者或用户传递产品信息，引起他们的注意和兴趣，激发他们的购买欲望和购买行为，以达到扩大销售的目的。

5. 市场营销管理

市场营销的计划、组织和控制构成了市场营销管理的主体部分。

市场营销计划是企业在分析市场状况基础上预先制定的行动方案和规划，包括制定市场营销目标、战略计划、市场营销方案等。市场营销计划是其他行动计划的起点，是企业管理经营的重要依据。

市场营销组织是指企业内部涉及市场营销活动的各个职位及其结构，有效的组织能够跟随市场变化和技术革新而不断地进行自我调整。科学地设置市场营销组织，灵活机动地调整营销组织结构，成为现代企业在市场竞争中取胜的关键因素。

市场营销控制是指对市场营销活动进行监督、评价，控制其发展动向。通过市场营销控制，可以检查市场营销计划的执行情况，看计划与实际绩效是否一致，如果不一致或没有完成计划，就要找出原因，并采取适当措施和正确行动，以保证市场营销计划的完成，实现有效的控制。

6. 营销创新

进入21世纪以来，市场营销实践具有诸多的新发展，推动了营销理论的不断创新，新领域、新概念不断涌现。

市场营销组合经历了从传统"4P"组合到"4C""4R"组合的演变。"4C"组合包括顾客（customer）、成本（cost）、便利（convenience）和沟通（communication）四个要素，是对传统"4P"理论框架的发展和深化。这一组合是站在消费者的立场上重新反思营销活动的诸多要素，有助于营销者更加主动、积极地适应市场变化，有助于营销者与顾客达成更有效的沟通。"4R"组合包括关联（relevance）、反应（response）、关系（relationship）和回报（returns）四个要素，主要强调与顾客建立关联，通过为顾客提供价值建立长期而稳固的关系，实现企业与顾客的双赢。从"4P""4C"到"4R"，反映了营销观念在不断地发展和完善，但三者不是简单的取代关系，"4P"仍是营销中基础要素的框架，"4C"是很有价值的理论和思路，"4R"是在两者基础上的创新与发展。把三者结合起来指导营销实践，有助于取得更好的效果。

服务营销是企业通过向消费者提供服务产品、赢得消费者满意度而进行的一系列活动。与实物产品相比，服务产品具有不可感知性、不可分离性、差异性、不可储存性和所有权缺位等特征。企业可以通过服务市场的细分、服务差异化、有形化、标准化以及服务品牌等问题的研究，制定和实施科学的服务营销战略，保证企业竞争目标的实现。

国际营销是指企业在两个或两个以上的国家，以全球性资源优化配置为手段，从事跨国界的生产经营活动。国际化营销是在全球化竞争日益激烈的形势下产生和发展起来的，跨越国界开展经营，必须考虑到目标国家的社会文化、政治法律、技术经济等环境差异，具有高复杂、高风险、高对抗的特点。

绿色营销是指企业在营销活动中，以促进可持续发展为目标，既要充分满足消费者的需求，实现企业的利润目标，也要充分注意自然生态平衡，实现消费者利益、企业利益和环境利益的协调。绿色营销不仅要求企业在日常营销活动中规划和执行绿色活动，同时也鼓励企业对促进公众绿色消费行为开展干预策略。

第二节　市场调研

一、市场调研的发展历程

1. 市场调研的起源与发展

市场调研（marketing research）是指运用科学的方法，系统地识别、收集、分析和使用各类信息，了解市场现状和趋势，为企业管理决策提供客观、准确的资料。市场调研是随着市场营销学的发展而兴起的。在社会经济和企业市场营销实践不断发展的推动下，市场调研从早期的主要针对顾客的市场调查发展到当今针对企业的市场营销乃至管理决策中所遇到的各种问题的调研，其内涵、作用和研究范围不断地发展、扩大。

1911 年，美国柯蒂斯出版公司（Curtis Publishing Company）最早设立市场调查部门，并聘请查尔斯·柯兰芝·佩林（Charles Coolidge Parlin）担任该部门的经理。当时，该公司刚刚购买了杂志《乡村绅士》，但管理层对农村市场几乎一无所知，佩林上任后首先对农具市场进行了调查，完成一份长达 460 页的报告，揭示了"农具在哪里生产，以及在何时何地卖给了谁"等问题。之后，佩林对美国 100 个大城市的零售渠道、汽车市场等进行了研究，并编写了《销售机会》一书，提出访问调查法、观察调查法和统计分析法等市场调查分析方法。佩林因在市场调查的理论和实践方面做出的贡献，被誉为市场调查的先驱。

1915 年后，美国的大公司开始陆续设立类似的市场调研部门。1923 年，阿瑟·查尔斯·尼尔森（Arthur C. Nielsen）在美国芝加哥创建了专业的市场调查公司，进一步推动了市场调研行业的发展。1929 ~ 1939 年，美国政府和有关地方工商团体共同配合，对全美进行了一次商业普查，这次普查被称为美国市场调查工作的一个里程碑。这次调查揭示了美国市场结构的全部情况，收集和分析了各种各样的商品如何从生产者到消费者手中的过程，各种类型的中间商和分销渠道的作用以及各种中间商的营销成本，也提供了关于种种市场营销机构和商品大类的详细销售数据，提供了改进市场营销活动和减少浪费的依据，并规定每隔 5 年定期举行一次调查，以观察市场变动的规律。1937 年，美国市场营销协会成立，组织专家编写出版了《市场调查技术》一书，为市场调研这门学科的形成和发展奠定了重要的基础。

"二战"之后，企业普遍面临激烈的市场竞争，市场调研行业得以迅速发展。据统计，1948 年全美有 200 多家专门从事市场调研的公司，市场调研成为一个新兴产业，涌现出兰德公司、斯坦福国际咨询研究所等一批著名的调查公司。进入 70 年代，随着科学技术的进步和发展，新的观念、技术、方法不断应用于市场调研，特别是电子计算机、互联网在市场调研中得到了广泛应用。

2. 市场调研行业的发展现状

市场调研行业已有近百年的发展历史，在发达国家一直有很大的市场需求，行业发展前景乐观，企业也牢固地树立了"决策之前先做调查"的观念。市场调研行业主要有如下几个特点：

（1）市场调研机构呈现多元化发展。经济全球化的发展和激烈的市场竞争促使企业越来越多地使用市场调研服务，在市场调研上的投入也大大增加。市场调研行业需求逐年稳步增长，已成为不容小觑的大市场。这一市场吸引着众多的调研机构参与竞争，调研机构数量众多。例如，仅英国伦敦一个城市就有 60 多个大型的商业性市场调研公司，中小型公司则不计其数。

随着市场调研行业的发展，调查公司开始充分发挥各自优势，形成类型各异的机构。行业中的大公司往往是提供全面服务的机构，而各类中小企业则根据自身特点向市场提供独具特色的有限服务，如具体收集数据的调查实施服务、编码和数据录入服务、专门进行定量数据处理的数据分析服务等。

（2）市场调研方法和手段不断完善。计算机技术的发展为市场调研提供了先进的手段和设备，与市场调研有关的统计软件不断开发也推动着市场调研方法的成熟和完善。这些工具和手段，大大提高了市场调研的效率。例如，利用计算机辅助电话系统以及相应的问卷设计软件、数据处理和报告撰写专用软件，较短的时间即可完成传统方法需要大量人力和时间才能完成的工作。

进入 21 世纪，迅速发展的移动互联技术和全面普及的宽带网络，对市场调研工作带来一系列的冲击和变革。移动互联网改变了消费者的购买行为和购买习惯，线上市场所占比例越来越大。同时，移动互联网也为市场调研工作提供了新的工具和手段，在传播信息方面，传统媒体已让位于微信、微博等新兴的社交媒体。新兴技术，如脑神经科学和眼动仪、人工智能、平台直播等形式都已经或将要用于市场调研的数据采集。面对面的消费者访谈，如今通过微信和视频对话可以轻松实现。市场调研行业面临新的挑战和机遇，传统的调研方式与大数据的手段相结合，能够更快速、更精准地收集真正有效和有用的数据及信息。

（3）市场调研从业人员素质逐渐提高。市场调研行业是一个智力密集型行业，对从业人员的知识结构和专业技能具有很高的要求，专业分析人员需要综合掌握营销管理、统计学、调研工具、社会学和心理学等多学科知识。我国市场调研行业发展迅速，逐渐步入细分市场，对从业人员素质的要求在不断提高。

在国外，市场调研是一个专业化程度要求较高的行业。大学本科毕业生在这一行业中从事的最常见的工作是市场调查员，负责现场调查、数据编辑、编码等日常的基础调查工作。一般要经过相关专业训练，才可以承担调查分析师的工作，市场调查分析师的工作主要包括设计调查方案、分析原始数据和二手数据、撰写研究报告等。因此，要想从事市场调研工作，需要学习市场营销课程，学习统计学和定量分析方法的课程，掌握计算机技术和网络使用等相关知识，选修心理学和消费者行为学课程，掌握良好的书面和口头沟通技能。最后，具备创造性思维也是在市场调研领域取得成绩的重要能力。

二、市场调研的作用

1. 有利于企业制定正确的战略决策

市场调研是企业了解外部环境的重要手段，通过调研，可以向管理层提供准确、可靠、有效和及时的信息，为战略决策打下坚实基础。企业战略是关于企业长远发展的纲领性文件，是为了使企业适应未来环境的变化而制定的有长远目标的企业整体规划，关系到企业在竞争环境下的生存与发展。企业在制订战略计划时，必须进行系统、周密的市场调研，为制定战略决策提供可靠的信息，这样才能保证企业的发展方向是正确的，企业的战略目标是可行的，企业的经营策略同外部环境是相适应的。制定战略是企业高层管理者最主要的职能，在现代企业管理中处于核心地位，是决定企业经营成败的关键。

2. 有利于企业发现市场机会

随着经济的发展和社会的进步，人们的观念及需求也在不断发生变化。对企业来说，环境变化意味着新的市场机会。市场调研可以使企业及时掌握市场环境的变化，并且积极主动地适应这种变化，从中寻找到企业的市场机会，为企业带来新的发展机遇。为了在竞争中占据主动地位，企业必须不断地寻找新的经济增长点。随着科学技术的进步，新技术、新工艺不断涌现，新产品不断上市。企业只有通过市场调研，分析产品处在市场生命周期的哪个阶段，并分析市场空缺，才能确定在什么时候开发研制、生产和销售新产品，以满足消费者的需求，把握市场机会，使企业在市场竞争中处于不败之地。

3. 有利于企业提高竞争力

现代市场已经由卖方市场转变为买方市场，消费者成为市场的主体，市场竞争非常激烈。企业要想在竞争中取胜，就要比竞争者更好地满足目标消费者的需要。消费者的需求多种多样，而且还会发生变化。企业只有通过市场调研，才能了解和掌握消费者的需求变化情况并进行准确的市场定位，提供消费者所需要的产品和服务，才能真正满足消费者的需要，提高在市场上的竞争力。

很多大公司都很注意对消费者需求的调查，例如，美国福特汽车公司对自己的新车型设计利用市场调研方法进行检验。公司邀请客户在预定的路线上驾驶新汽车，同时派一位受过训练的调查人员坐在驾驶员的旁边，记录驾驶员对汽车的全部反应。驾驶结束后，给每位参与者一份长达 6 页的调查问卷，询问参与者对汽车每一部分优缺点的评价。通过参与者提供的信息，福特汽车公司就可以了解到消费者对其新车型的反映，然后进行适当的改进，使之更受目标消费者的欢迎。

三、市场调研的主要内容

1. 市场调研的主要内容

市场调研的主要内容包括市场基本环境调研、市场需求调研、消费者行为调研、产品调研、定价调研、分销调研、广告与促销调研等各个方面。

（1）市场基本环境调研。市场营销环境是企业生存和发展的基础，现代市场营销环境的复杂性和动荡性都在增加，导致企业越来越难以适应环境，进一步突出了市场环境调研的重要性。市场环境调研包括经济环境、自然环境、政治法律环境和社会文化环境的调查。

（2）市场需求调研。市场需求调研包括市场需求总量、细分市场及目标市场的需求调研、市场份额及其变化情况调研。这项调研是企业开展新业务的重要切入点，例如，20世纪90年代初，台湾顶新公司的市场研究人员发现，在日本、韩国和台湾地区，随着人民收入水平的提高，方便面的人均消费量经历了一个高速增长的阶段。而当时中国大陆的方便面消费还处于极低的水平，因此，顶新公司的市场研究人员预计方便面的市场需求存在巨大的增长潜力。1991年，顶新公司在天津建厂，推出"康师傅"牌方便面，取得了成功。

（3）消费者行为调研。消费者行为调研包括消费者购买心理、购买动机、购买行为以及影响消费者购买决策的主要因素，消费者满意度调查等内容。例如，可口可乐公司通过市场调查发现，人们在每杯水中平均放两三块冰，喜欢饮料机放出的饮料温度是35℃；100万人在早餐时喝可乐；每人每年会看到69次该公司的商业广告；美国每人每年消费156个汉堡包、95个热狗、283个鸡蛋等。这些数据使公司了解了顾客买什么、在哪里买、为什么买和什么时候买等情况，是公司开展营销活动的基础。

（4）产品调研。产品调研包括新产品的设计、开发和试验，市场对新产品的认可和购买潜力，现有产品的改进、检验和包装设计，以及消费者对产品款式、性能、材料、质量等方面的偏好预测等。国际上许多知名公司在推出新产品之前，都要进行从产品概念测试、市场潜力预测到市场试销等一系列研究。2008年，丰田公司在推出雅力士车型之前，对目标消费者的偏好进行了针对性研究，该车型的主打颜色分别按男女选择了黑色和紫色，特别是紫色，在汽车颜色中非常醒目，充分体现了该车型时尚和个性的市场定位。

（5）定价调研。定价调研包括对产品生产经营的成本费用进行调查，为合理定价提供依据；了解消费者可以接受的同类产品的各种差价；调查研究各种产品的供求曲线和供求弹性，为合理制定和调整价格策略提供依据；了解本企业产品与竞争者同类产品的价格差异及其对需求的影响；了解产品价格的合理性及价格策略的有效性；调查分析价格调整策略的可行性及预期效果等。例如企业可以使用实验的方法了解不同价格对消费者购买意愿的影响，从而确定一个最优价格。

（6）渠道调研。渠道调研包括对现有销售渠道的调查，了解本企业产品现有销售渠道的组成状况；渠道成员的作用及库存情况；各渠道环节上的价格折扣及促销情况。了解经销商的企业形象、规模、销售量、顾客类型以及所提供的服务等；了解渠道调整的成本及收益，为合理调整销售渠道提供依据。

（7）广告及促销调研。广告及促销调研包括了解各种广告媒体及各种促销媒体的特征、费用及效果，以便正确地选用促销媒体；了解目标消费者的媒体使用习惯及消费心理，以便有针对性地开展促销活动；运用定性和定量方法，分析各种促销手段的认知率、促销率及收益成本比，以便选择合理的促销决策等。

2. 市场调研过程

在市场调研的教学中，目前大部分教材基本按照调研过程来安排章节，主要包括定义问题、确定研究框架、确定调研设计、收集数据、准备与分析数据、撰写调研报告等几大步骤。

（1）定义问题。定义问题是市场调研的第一步，也是相当重要的一个步骤。在这一步骤中，应当考虑调研目的、调研背景、所需信息及其在决策中的作用。定义问题需要与管理者进行沟通，向业内专家咨询，分析二手数据，有时甚至需要进行专题访谈等定性研究。只有准确地定义了问题，才能正确地设计和开展调研。

（2）确定研究框架。这一步骤包括确定理论框架、分析模型、研究问题、假设，并且考虑影响研究设计的相关因素。这些工作需要借助阅读文献及案例、集体讨论、分析二手数据等方法来开展。

（3）确定调研设计。调研设计是完成市场调研所需要遵循的计划，要详细描述调研人员为了解决某一问题所制订的数据收集、处理、分析、解释与报告的预定计划和构想。在制定调研设计时，除了调研目的和内容外，还需要考虑所需人员、经费、时间和技术上的可行性等客观条件。

（4）收集数据。市场调研的数据收集方法包括搜索二手数据、定性研究、问卷调查法、观察和实验法。二手数据获取成本较低，应尽量利用已有二手数据解决问题，只有在不能满足需要时才考虑收集一手原始数据。调研人员可以选择入户访问、计算机辅助访问、电话调查、邮寄问卷、网络问卷等形式来获取一手调查数据；还可以使用实验、观察等方法获得相关数据。

（5）准备与分析数据。数据准备包括数据的编辑、编码、录入和核实。将收集的问卷录入形成数据文件，对问卷的完整性、逻辑性进行审查，以剔除严重缺失和明显有误的数据。数据分析要用统计软件或专门的分析软件来完成，常用的数据分析软件包括 SPSS、SAS、Eviews、社会网络分析软件等。

（6）撰写调研报告。市场调研项目最后要提交完整的书面报告，内容包括具体调研问题、研究框架与设计、数据收集与分析、研究结果以及主要结论。调研报告应尽量清晰明了，以便管理者能充分理解并在决策中使用这些调研成果。

本章小结

市场营销经历了四个发展阶段：市场营销的萌芽阶段、形成阶段、发展阶段和完善阶段。

市场营销学是一门以经济科学、行为科学、现代管理理论和现代科学技术为基础的综合性应用科学。市场营销既是一门科学，又是一门艺术。市场营销既包括宏观市场营销，也包括微观市场营销。

市场营销课程的内容包括市场分析、目标市场营销、市场营销组合、营销活动组织、营销创新等内容。

市场调研是指运用科学的方法，系统地识别、收集、分析和使用各类信息，了解市场现状和趋势，为企业管理决策提供客观、准确的资料。

市场调研有利于企业制定正确的战略决策、有利于企业发现市场机会、有利于企业提高竞争力。

市场调研的主要内容包括市场基本环境调研、市场需求调研、消费者行为调研、产品调研、定价调研、分销调研，广告与促销调研。

市场调研包括定义问题、确定研究框架、确定调研设计、收集数据、准备与分析数据、撰写调研报告六个步骤。

重要术语

市场营销　　4P　　4C　　4R　　市场调研　　数据收集　　数据分析

第七章

财务管理与会计学

【学习目标】

通过本章的学习,使学生了解财务管理和会计学的发展历史,掌握财务管理的主要内容体系,了解会计学的学习意义和基本内容。

【引导案例】

联想控股的财务管理活动

联想控股股份有限公司(以下简称"联想控股")成立于1984年,由中国科学研究院计算所(以下简称"中科院")投资20万元人民币,柳传志等11名科研人员创办。经过30多年的发展,联想控股从单一IT领域发展为国内大型多元化投资集团之一。

联想控股公司是经过三个阶段从联想集团发展而来的。第一阶段是1984~2000年,联想控股专注IT领域发展,2000年以后联想集团计算机业务一直在亚太市场保持较高占有率;第二阶段是2001~2009年,联想控股开始尝试多元化发展,由联想集团、神州数码、联想投资(后更名为君联资本)、融科置地、弘毅投资等不同领域的业务构成的多元化格局初步形成;第三阶段是2010年至今,联想控股成为一家投资集团,多元化发展形成规模,并于2015年6月在香港交易所成功上市。

目前联想控股分为战略投资和财务投资两大业务。战略性投资业务是联想控股的支柱业务,包括六大业务模块,分别是IT业务、金融服务、现代服务、农业与食品、房地产、化工与能源材料。联想控股将战略投资企业打造为在不同行业中类似联想集团的行业领军企业。联想控股的另一大业务是财务性投资业务,包括联想之星、君联资本及弘毅投资三大财务性投资平台。主营孵化项目的联想之星主要对科技、媒体、通信、医疗健康等先进制造业或早期公司进行投资。主营风险投资的君联资本主要从事初创期风险投资和扩展期投资,重点投资运作主体在中国及市场与中国相关的创新、成长型企业。主营股权投资的弘毅投资主要从事股权投资及管理业务。

对联想控股这样的投资型企业,财务部门成为统率其他管理活动的职能部门。财务部门参与决定企业未来战略的走向,从事前的目标制定到项目执行效果的评价,全方位参与到业务活动当中。财务管理也由传统的融资职能转变为主动参与企业日常经营、为企业创造价值的管理职能。联想财务部门为业务工作的顺利实施提供了保障,提高了企业的经济效益,转变了财务部门的职能定位,发挥出业务和财务融合下财务部门的价值创造力。

资料来源:李佳怡,《联想控股价值创造型财务管理案例研究》,哈尔滨商业大学硕士学位论文,2017年。

第一节 财务管理

一、财务管理的产生和发展

财务管理作为一门独立的学科，最早产生于19世纪末，发展于20世纪。特别是在20世纪中期，随着生产规模的不断扩大，金融市场的逐步完善，计算手段的迅速提高，财务管理的理论和方法也取得了令人瞩目的发展。财务管理发展至今，大体上经历了以下几个阶段。

1. 财务管理的萌芽阶段

企业财务管理大约起源于15世纪末16世纪初。当时西方社会正处于资本主义萌芽时期，地中海沿岸的许多商业城市出现了由公众入股的商业组织，入股的股东有商人、王公、大臣和市民等。商业股份经济的发展客观上要求企业合理预测资本需要量，有效筹集资本。但由于这时企业对资本的需要量并不是很大，筹资渠道和筹资方式比较单一，企业的筹资活动仅仅附属于商业经营管理，并没有形成独立的财务管理职业，这种情况一直持续到19世纪末20世纪初。

2. 财务管理的初期阶段

19世纪末20世纪初，伴随着工业革命的蓬勃发展，生产规模的不断扩大，以及生产技术的重大改进和工商活动的进一步发展，股份公司的发展逐渐成为占据主导地位的企业组织形式，当时企业面临的主要问题是如何筹措资金以满足扩充需要。此时财务管理的重点是研究企业的合并及重组、新企业的设立、企业证券发行等有关法律事务，适时而有效地为企业筹集资金、合理安排资本结构成为财务管理的最初职能。

这一时期的研究重点是筹资。主要财务研究成果有：1897年，美国财务学者格林（Green）出版了《公司财务》，详细阐述了公司资本的筹集问题，该书被认为是最早的财务著作之一；1910年，米德（Meade）出版了《公司财务》，主要研究企业如何最有效地筹集资本，该书为现代财务理论奠定了基础。

3. 财务管理的中期阶段

1929年爆发的西方世界性的经济危机和30年代西方经济整体的不景气，迫使许多企业相继倒闭，投资者损失严重。这时，破产、改组和残余资产的处理，成为许多企业的主要问题。此时处理企业破产、恢复和发展企业经济实力以保护投资者的利益成为财务管理的主要任务，其研究的重心不再是企业的扩展，而是企业的生存。这时，西方各国政府要求财务信息不仅用于企业内部，也要对外公布，使企业外部人员可根据公布的有关信息进行财务分析，从而使证券管理这一财务管理的主要职能得到进一步发展。

这一时期的研究重点是法律法规和企业内部控制。30年代以后，财务管理的重点开始从扩张性的外部融资，向防御性的内部资金控制转移，各种财务目标和预算的确定、债务重组、资产评估、保持偿债能力等问题，开始成为这一时期财务管理研究的重要内容。

4. 财务管理的近期阶段

20世纪50年代后期，随着新技术的开发与利用，以及激烈的市场竞争和买方市场趋势的出现，企业更加注重设备的更新换代。此时，企业财务面临的主要问题是如何进行资本支出预算，合理配置企业资源。财务管理研究的重点由资金筹措转向资金运用。这一时期，企业财务管理的重点由外部的一些法律问题转移到加强企业内部管理和决策上。资金的时间价值引起财务经理的普遍关注，以固定资产投资决策为研究对象的资本预算方法日益成熟，财务管理的重心由重视外部融资转向注重资金在公司内部的合理配置，公司财务管理发生了质的飞跃。

60年代，统计和优化理论的数学模型开始应用于企业流动资产和固定资产的管理与分析，使财务管理迅速朝着"严谨的数量分析"方向发展。这一时期，财务管理的重点包括最佳资本结构的组合、投资组合理论及其对企业财务决策的影响。以研究财务决策为主要内容的"新财务论"已经形成，其实质是注重财务管理的事先控制，强调将公司与其所处的经济环境密切联系，以资产管理决策为中心，将财务管理理论向前推进了一大步。

70年代，以期权定价理论为主的各种风险衡量模式的出现，使财务管理发展到一个崭新的水平。此时财务管理的重点是如何运用各种模式评估投资和筹资风险。

80年代以后，随着世界范围内新技术革命浪潮的冲击，传统的财务管理正日益受到挑战。与此相适应，一些新的财务领域正逐渐被开辟出来，如通货膨胀财务、国际财务、电算化财务等。今后财务管理的发展方向将是在传统财务的基础上，吸收兼容一些宏观经济的理论与方法，使财务管理的空间进一步扩大，形式、内容和方法更加充实和完善。由此形成的企业财务管理，不仅从微观层次上讨论资金的筹措、使用和分配问题，而且还将从宏观的角度探索关于组织财务活动、处理财务关系等一系列问题，使其成为在更高层次上和更大范围内发挥作用的新型管理科学。

二、财务管理课程的特点和意义

1. 财务管理课程的特点

财务管理课程的性质属于管理学范畴，是一门以微观经济学为理论基础、以资本市场为课程背景、以现代企业为对象，阐述财务管理的基本理论和方法的应用性学科，是工商管理本科专业的必修课程。

财务管理是一门理论性与实务性比较强的学科，如筹资决策、投资决策的内容，既要求学生理解和掌握其相关的筹资和投资理论知识、方法，又要求学生具备筹资决策分析、投资决策分析运用的能力，能根据实际情况灵活运用这些理论知识、方法，解决实际中存在的问题。

财务管理的课程内容体系包括理论教学和实践教学两部分。理论教学涉及融资决策、投资决策、利润分配决策、营运资金管理等方面，实践教学包括课堂实践、课外实践和校外实践，各部分相互联系，是一个完整的体系。

2. 学习财务管理课程的重要意义

（1）学生通过学习和掌握财务管理，为将来从事财务管理的相关工作奠定基础。对于工商管理专业的学生来说，财务管理学是必修的一门课程。学生通过学习和掌握财务管理，对财务管理的目标、意义、手段等方面将有更加深入的认识，掌握组织财务活动的基本方法和基本技能，并尝试利用所学到的理论知识进行分析和研究，可以说初步对财务管理工作入门，再加上其他相关专业知识，为将来顺利从事财务管理以及综合管理类工作奠定了基础。

（2）财务管理是企业管理工作的重要组成部分。财务管理是企业的重要职能之一，以利润最大化为最终目标的企业，其目标的实现是以良好的财务管理为基础的。以财务管理为中心，要求企业不仅重视资本的营利性，即尽可能多地获得长期、稳定、实在的利润，而且要重视资本的流动性，即保持最佳的资本结构，提高资本利用率和资本利润率。学习财务管理，有利于工商管理学生了解企业的财务活动，为进行科学的管理决策提供坚实的基础。

三、财务管理的内容框架

1. 筹资管理

资金是企业的血液，是企业设立、生存和发展的财务保障，是企业开展生产经营业务活动的基本前提。任何一个企业，为了形成生产经营能力、保证生产经营正常运行，必须持有一定数量的资金。在正常情况下，企业资金的需求，来源于两个基本目的：满足经营运转的资金需要，满足投资发展的资金需要。企业创立时，要按照规划的生产经营规模，核定长期资本需要量和流动资金需要量；企业正常营运时，要根据年度经营计划和资金周转水平，核定维持营业活动的日常资金需求量；企业扩张发展时，要根据生产经营扩张规模或对外投资对大额资金的需求，安排专项的资金。由此，就产生了筹资管理的概念。

筹资管理是指企业根据其生产经营、对外投资和调整资本结构的需要，通过筹资渠道和资本（金）市场，运用筹资方式，经济有效地筹集企业所需的资本（金）的财务行为。筹资的方式主要有筹措股权资金和筹措债务资金。筹资管理的目的是满足公司资金需求，降低资金成本，增加公司的利益，减少相关风险。

2. 投资管理

投资管理狭义上是一项针对证券的金融服务，广义上还包括实体商业投资、加盟连锁、创新项目投资管理等，以投资者利益出发并达到投资目标。投资者可以是机构譬如保险公司、退休基金及公司或者是私人投资者。

所谓投资，一般是指把资金投入到将来可能盈利的经营管理服务中去的行为。企业的投资必须以财务管理的目标为标准，遵循国家相关的财务管理规定，有效地配置资金，合理地使用资金，强化财务预算和财务监督，使资金的使用既合理又合法。

3. 营运资金管理

营运资金管理是对企业流动资产及流动负债的管理。一个企业要维持正常的运转就必须拥有适量的营运资金，因此，营运资金管理是企业财务管理的重要组成部分。

营运资金,从会计的角度看,是指流动资产与流动负债的净额。如果流动资产等于流动负债,则占用在流动资产上的资金是由流动负债融资;如果流动资产大于流动负债,则与此相对应的"净流动资产"要以长期负债或所有者权益的一定份额为其资金来源。从财务角度看营运资金应该是流动资产与流动负债关系的总和,在这里"总和"不是数额的加总,而是关系的反映,这有利于财务人员意识到,对营运资金的管理要注意流动资产与流动负债这两个方面的问题。

流动资产是指可以在一年以内或者超过一年的一个营业周期内实现变现或运用的资产,流动资产具有占用时间短、周转快、易变现等特点。企业拥有较多的流动资产,可在一定程度上降低财务风险。流动资产在资产负债表上主要包括以下项目:货币资金、短期投资、应收票据、应收账款和存货。

流动负债是指需要在一年或者超过一年的一个营业周期内偿还的债务。流动负债又称短期融资,具有成本低、偿还期短的特点,必须认真进行管理,否则,将使企业承受较大的风险。流动负债主要包括以下项目:短期借款、应付票据、应付账款、应付工资、应付税金及未交利润等。

4. 收益与分配管理

收益与分配管理是对企业收益与分配的主要活动及其形成的财务关系的组织与调节,是企业将一定时期内所创造的经营成果合理地在企业内、外部各利益相关者之间进行有效分配的过程。企业的收益分配有广义和狭义两种概念。广义的收益分配是指对企业的收入和净利润进行分配,包含两个层次的内容:第一层次是对企业收入的分配;第二层次是对企业净利润的分配。狭义的收益分配则仅仅是指对企业净利润的分配。

企业通过经营活动取得收入后,要按照补偿成本、缴纳所得税、提取公积金、向投资者分配利润等顺序进行收益分配。对于企业来说,收益分配不仅是资产保值、保证简单再生产的手段,同时也是资产增值、实现扩大再生产的工具。收益分配可以满足国家政治职能与组织经济职能的需要,是处理所有者、经营者等各方面物质利益关系的基本手段。

第二节 会计学

一、会计的产生与发展

1. 会计的萌芽阶段

会计的萌芽阶段是指从旧石器时代中、晚期到奴隶社会这一时期。会计的产生经历了一个漫长的历史时期。在世界上一些文明古国中,例如中国、埃及、巴比伦、印度和希腊都曾留下过对会计活动的相关记载。人类在进行生产活动时,就要进行物质资料的生产,必然要关心其生产成果,并力求在尽量少的劳动时间内创造出尽量丰富的物质财富。基于此,人类很早就意识到,在进行物质资料生产的同时需要记录、计算和汇总生产过程,并将劳动耗费和劳动成果加以比较和分析,借以掌握生产活动的过程和结果。因此,会计就应运而生了。

在社会生产力水平极端低下的情况下，人类的生产活动十分简单，劳动耗费和劳动成果仅凭人脑的简单思考、记忆就能完成，无须专门的记录、计算。因此，也无须会计。随着生产力的发展，人们的生产活动日趋复杂，仅凭人脑的记忆和简单的计算已经不能满足当前的需要，于是出现了简单的记数、记录行为。这些行为从会计的角度看就是会计产生的萌芽。从严格意义上讲，自旧石器时代中、晚期开始到奴隶社会繁荣时期为止，产生的最原始的计量、记录行为，并不是纯粹的会计活动。这个时期的会计只是"生产职能的附带部分"。

2. 古代会计阶段

古代会计是指从奴隶社会到封建社会这一时期的会计。直到奴隶社会繁荣时期，真正意义的会计特征才显现出来。这一时期，生产力发展到一定水平，人类生产活动出现了大量的剩余产品，需要大量的记数、记录工作，此时，人们已经无法在"生产之余"去完成记数、记录工作，于是人们将会计活动从生产活动中分离出来，成为独立的会计记录活动，具有独立职能的会计也就产生了。但在这一时期，记账方法主要采用单式记账，计量上主要采用实物计量单位。

在我国，远古时期就出现了"结绳记事"、"刻木记事"等行为，这些可以看作是最为原始的会计行为的代表。而"会计"一词最早出现于西周，据《周礼》记载，周王朝设立"司会"一职。专门掌管政府的钱粮收支。当时把每个月的零星计算称为"计"，把年终的综合计算称为"会"。这时的会计主要是对国库钱粮收支进行记录和计算，也包含考核的意思。西汉时期，官府和民间都有了被称作"计簿"或"簿书"的账册，中式簿记开始逐步发展完善。唐宋两代，随着经济的发展，我国的会计方法又有了新的发展，创建和运用了"四柱结算法"，其中的四柱是指旧管、新收、开除、实在。分别表示为期初结存、本期收入、本期付出和期末结存。其平衡关系为：旧管＋新收－开除＝实在。四柱结算法是我国会计发展的一个杰出成就。这种方法的基本原理至今仍被现代会计所采纳。明末清初，我国民间商业核算采用以四柱结算法为基础的"龙门账"。"龙门账"将经济业务系统地分为"进（收入）"、"缴（费用）"、"存（资产）"、"该（负债及业主权益）"四大类，分别设立账目进行核算。其关系为进－缴＝存－该。该公式相等时，称为"合龙门"。在此基础上，清朝后期又创立了"天地合账"，即对每一笔经济业务都从"来源"和"去向"两个方面考查，全面反映经济业务的内容和来龙去脉。账簿采用垂直写法，分为上下两格，上格记收，称为"天方"，下格记付，称为"地方"，上下两格所记数额必须相等，这就是所谓的"天地合账"。"龙门账"和"天地合账"可以被认为是我国单式簿记到复式簿记的过渡。

3. 近代会计阶段

近代会计通常是指15世纪以后的会计，其主要标志是复式记账法的创建与传播。与单式记账相比，复式记账主要体现在记账方法发生了重大变化。我国宋代创建的"四柱结算法"和明清时期的"龙门账"等，都体现了复式记账的基本原理，但由于缺少总结，并未从理论高度加以推广。

1494年，意大利数学家卢卡·帕乔利（Luca Pacioli）的著作《算数、几何与比例概要》问世，该书系统地介绍了复式账簿的内容，该书的公开出版是复式记账开始形成的重要标志。后人把帕乔利誉为"现代会计之父"。复式记账开创了近代会计历史的一个里程碑，在意大利得到迅速普及并不断发展和完善。随着美洲大陆的发现和东西方贸易的进行，复式记账传遍整个欧洲，乃至世界各地，被誉为会计发展史上第一个里程碑。目前，会计记账仍采用复式记账的方法，并最终完成了复式记账的方法体系及理论体系的建设。

4. 现代会计阶段

现代会计是指从20世纪30年代开始到现在的阶段。在这一阶段，随着社会生产力的进一步提高和科学技术的高速发展，会计作为一门适应性学科也发生了相应的变化，各国的会计准则也逐渐与国际准则相趋同，西方各国先后研究和制定了会计准则，把会计理论和方法推向了一个新的台阶，会计规范更加国际化，管理会计逐步形成并与财务会计分离，会计电算化被广泛应用于会计领域，会计理论逐步形成，会计成为一门学科，创立了审计的基本理论。这些变化给会计的发展变化提供了新的历史契机，会计理论、方法、思想也开始向信息化、知识化、全球化方向发展。

二、会计学的特点及作用

1. 会计学的特点

会计是以货币为主要的计量单位，反映和监督一个单位经济活动的一种经济管理活动。其特点主要包括两方面，一是以货币计量为基本形式，二是连续、系统和完整地对经济活动进行核算和监督。

在商品经济条件下，一切商品都有价值，社会再生产过程中，商品的生产、交换、分配和消费等经济活动，都是通过货币计量来综合反映的，会计离不开计算，要计算就需要运用一定的计量尺度。计量尺度主要有三类，分别是实物量单位、劳动量单位和价值量单位，由于实物计量单位存在着较大的差异性和劳动计量单位存在着复杂性的特点，这两种计量单位都不能对一定主体的经济活动进行综合的计量，而以货币为计量单位，能克服实物量单位和劳动量单位的缺陷。货币作为一般等价物，能综合反映一定主体的经济活动。因此，现代会计的一个重要特征就是以货币计量为基本形式。

会计的另一个主要特点就是对经济活动的核算监督具有连续性、系统性、完整性。也就是说，会计作为一种管理活动，不是时有时无的，它是连续、系统、完整地对经济活动进行核算和监督。连续性是指会计是对一定主体的经济活动进行不间断的确认、计量、记录和报告。系统性是指会计核算必须用科学的方法，对一定主体的经济活动既要进行相互联系的记录，又要进行科学的分类提供总括及详细的会计信息，以求得分门别类的经济指标。完整性是指在核算中凡是会计进行记录和计算的事项，都要毫无遗漏地加以记录和计算，不允许任意取舍，这样才能获得真实全面的反映经济活动的综合性指标。

2. 会计的作用

在我国，会计是按照国家的财经法规、会计准则和会计制度进行会计核算，提供以财务数据为主的经济信息，并利用取得的经济信息对会计主体的经济业务进行监督、控制，以提高经济效益，并服务于会计主体内、外部的各有关方。从不同的角度分析会计的作用，可以对会计的作用有更全面的认识。

从企业角度分析，会计信息的形成可以加强经济核算，为企业经营者提供数据，保证企业投入资产的安全和完整，对于管理者绩效的反映及其报酬的取得、债务契约的签订、投资者的回报以及维护企业形象等多方面都有重要作用。

从个人角度分析，通过会计信息，投资者可以形成对企业的监督，为投资者提供财务报告，以便于其进行正确的投资决策。投资者最关注的莫过于该企业的财务状况，企业能否取得利润直接关系到其能否取得相应的投资回报。

从政府角度分析，政府可以根据会计报表的汇总信息进行有效的宏观调控，决定资源和利益的分配，使国家经济健康、有序的发展。

3. 学习会计学的重要意义

学习会计学对于工商管理专业的学生具有重要的意义。首先，应明确会计学与工商管理专业之间的关系。工商管理是研究营利性组织经营活动规律以及企业管理的理论、方法与技术的学科。因此，工商管理专业涉及的范围非常广，包括了经济学和管理学的多门课程，但一般均会将会计学作为工商管理专业的基础课程。所以，从课程角度而言，会计学是工商管理专业的基础课程，它也是其他课程，例如财务管理、财务分析等课程的基础。学好会计学，具备扎实的会计学基础，有利于培养学生牢固的专业功底。另外，从学生毕业后的职业选择结果来看，许多学生从事了会计职业岗位，或与会计工作相关的一些岗位。会计学的学科知识对于工商管理专业学生未来的职业发展也具有非常重要的作用。

三、会计学的主要内容

1. 会计学的内容结构

会计是经济管理中的重要组成部分，它是以货币计量为基本形式，对会计主体（企业、事业、机关、团体等单位）的经济活动，进行核算和监督的一种管理活动。会计是一种管理活动，这说明了会计的本质；对经济活动进行核算和监督，是会计的职能。会计学主要包括以下两方面的内容，一是会计学基本概念，主要包括会计核算基础、会计要素与会计等式、账户设置，二是会计核算过程，主要包括企业基本经济业务，会计凭证，会计账簿、成本计算、财产清查和财务会计报告。

2. 会计学基本概念

（1）会计核算基础。会计核算基础主要包括会计基本假设、会计信息质量特征、收付实现制与权责发生制。

会计基本假设即会计核算的基本前提，是指为了保证会计工作的正常进行和会计信息的质量，对会计核算的范围、内容、基本程序和方法所做的合理设定。会计基本假设是人们在长期的会计实践中逐步认识和总结形成的。结合我国实际情况，企业在组织会计核算时，应遵循的会计基本假设包括会计主体假设、持续经营假设、会计分期假设和货币计量假设。

会计信息质量要求是财务报告中所提供的会计信息对使用者决策有用所应具备的基本特征，包括可靠性、相关性、可理解性、可比性、实质重于形式、重要性、谨慎性和及时性。

由于会计分期的假设,产生了本期与非本期的区别,所以会计核算基础就有收付实现制和权责发生制的区别。收付实现制是指以实际收到或付出款项作为确认收入或费用的依据。在这种会计基础下,凡在本期实际收到的现金(或银行存款),不论款项是否属于本期,均作为本期收入处理;凡在本期实际以现金(或银行存款)付出的费用,不论其是否在本期收入中得到补偿,均作为本期费用处理。权责发生制又称应收应付制或应计制,它与收付实现制相对,在这种会计基础下,凡属于本期已经实现的收入和已经发生或应当负担的费用,无论款项是否收付,均应作为当期的收入与费用;凡不属于本期的收入和费用,即使款项已经收付也不应作为当期的收入与费用。

(2)会计要素与会计等式。会计要素是对会计对象的基本分类,是会计对象的具体化,是反映会计主体的财务状况和经营成果的基本单位。企业会计要素分为六大类,即资产、负债、所有者权益、收入、费用和利润。其中,资产、负债和所有者权益三类会计要素主要反映企业的财务状况,财务状况是指企业一定日期的资产及权益情况,是资金运动相对静止状态时的表现,所以资产、负债和所有者权益又称为静态会计要素;收入、费用和利润三类会计要素主要反映企业的经营成果,经营成果是指企业在一定时期内从事生产经营活动所取得的最终成果,是资金运动显著变动状态的主要体现,所以,收入、费用和利润又称为动态会计要素。

在企业的生产经营过程中,各项会计要素相互联系,它们之间客观上存在着一定的数量恒等关系。用数学方程式表示的会计要素之间的等量关系,称为会计等式,会计等式主要包括静态等式和动态等式。静态等式是指由三个静态会计要素形成的会计等式,即:资产 = 负债 + 所有者权益。这是最基本的会计等式。动态等式是指由三个动态会计要素形成的会计等式,即收入 − 费用 = 利润。

(3)账户设置。账户设置主要包括会计科目、账户和复式记账法三个方面。

会计科目是对会计要素按照经济内容所做的进一步分类。每一个会计科目都要明确反映特定的经济内容。例如,资产要素中要进一步划分为流动资产、固定资产等,因为它们具有不同的经济内容。流动资产各个组成部分也有不同的经济内容,相应的分为"库存现金""银行存款""应收账款""原材料""产成品"等,由此产生了"库存现金""银行存款""应收账款""原材料""产成品"等会计科目。设置会计科目,可以对会计对象的具体内容进行科学分类,便于会计分类,反映和监督企业的经济活动,为编制凭证、账簿和报表提供依据,从而有利于会计信息的收集、分析和汇总,提高会计工作的质量和效率。

设置会计科目只是解决了会计数据的分类,而会计数据的分类记录则需要通过设置账户来完成。账户是根据会计科目设置的,用以分类记录并初步加工有关数据的工具。例如,根据"库存现金""银行存款"科目,可以设置"库存现金"账户、"银行存款"账户,用以记录库存现金和银行存款的收款、付款和结存数据;根据"产成品"科目,可以设置"产成品"账户,用以记录产成品的收入、发出和结存数据。可见只有设置账户才能按照会计科目分门别类地记录有关分类数据,以便进一步加工处理,形成更全面、更系统的会计信息。可以说,账户是建立任何会计核算系统的基础。

将发生的各项经济业务记录会计账户中,还必须采用一定的记账方法。目前采用的记账方法为复式记账法。复式记账法是以资产与权益平衡关系作为记账基础,对每一笔经济业务,都要以相等的金额在两个或两个以上相互联系的账户中进行登记,系统地反映资金运动变化及其结果的一种记账方法。采用复式记账法,能全面反映每一笔经济业务的来龙去脉,能全面反映会计主体的全部经济活动,便于检查账户记录的正确性。迄今为止,国际通用的复式记账方法为借贷记账法。

3. 会计核算过程

会计核算过程是指企业根据发生的基本经济业务,填制或取得原始凭证,按照设置的会计科目和账户,运用复式记账法,填制记账凭证。根据填制的记账凭证,按照预先设置的账户,采用复式记账法对交易或事项登记账簿。在登记账簿的基础上,根据账簿和其他相关资料,对生产经营过程中发生的各项费用进行归集和分配,计算产品成本;并采用财产清查的方法对企业财产物资的实有数进行清查盘点,将清查盘点结果与账簿记录相核对,以保证账实相符;最后根据账簿资料编制财务会计报告。会计核算过程如图 7-1 所示。

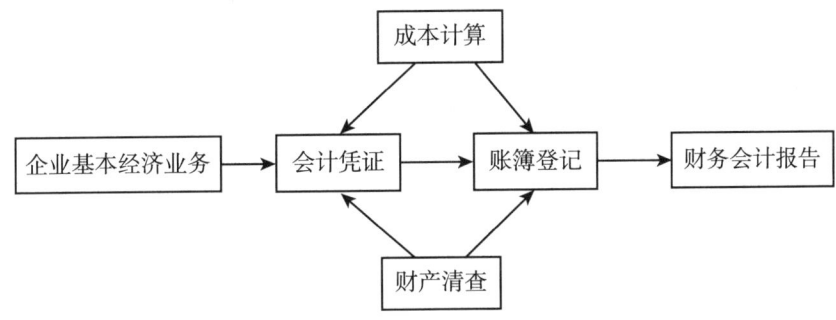

图 7-1 会计核算过程

资料来源:邱卫林、苏亚莉,《会计学原理》,北京理工大学出版社 2016 年版,作者整理绘制。

(1) 企业基本经济业务。企业基本经济业务主要包括以下五种,筹资业务、采购业务、生产业务、销售业务和利润的形成与核算。

企业的生产经营过程是以生产过程为中心,实现供应过程、生产过程和销售过程三者的统一。首先,企业为了保证生产过程的进行,需要筹集资金购置生产经营必需的原材料、固定资产等,并将其投入到生产过程中。其次,通过生产过程,对劳动资料进行加工,把各项资产投入生产,制造出满足社会需要的各种产品。最后,在销售过程中,通过销售产品,以实现收入补偿生产耗费,收回货币资金或产生债权。另外,在销售过程中还会发生各种诸如包装、广告等销售费用,需要计算并及时缴纳各种销售税金,并结转销售成本。供应过程—生产过程—销售过程,构成企业的生产经营活动,三个过程周而复始,循环往复。

对于企业利润的实现,一部分要以所得税的形式上缴国家,另一部分即税后利润,要按照规定的程序进行合理的分配。通过利润分配,一部分资金要退出企业,另一部分直接以公积金等形式继续参与企业的资金周转。上述业务综合在一起,形成了企业的全部会计核算内容。

（2）会计凭证。会计凭证是记录经济业务事项发生或完成情况，明确经济责任的书面证明，也是登记会计账簿的依据。各单位每天都要发生大量的经济业务，为了正确、真实地记录和反映经济业务的发生和完成情况，保证会计核算资料的客观性、合法性，任何单位在处理任何经济业务时，都必须由执行和完成该项经济业务的有关人员，从单位外部取得或自行填制有关凭证，以书面形式记录和证明所发生的经济业务性质、内容、数量、金额等，并在凭证上签名或盖章。任何会计凭证都必须经过有关人员的严格审核、确认无误后，才能作为登记会计账簿的依据。

会计凭证按照编制的程序和用途不同，分为原始凭证和记账凭证两种。原始凭证又称单据，是在经济业务发生或完成时取得或填制的，用以记录或证明经济业务的发生或完成情况的原始凭据，是会计核算的重要原始资料。记账凭证又称记账凭单，是会计人员根据审核无误的原始凭证，对经济业务按其性质加以归类，并据以确定会计分录后所填制的会计凭证，是登记会计账簿的直接依据。

（3）会计账簿。登记账簿是以会计凭证为依据，运用复式记账的方法，对发生的交易、事项按照先后顺序，分门别类地记入有关账簿的一种专门方法。会计账簿简称账簿，是由具有一定格式、互相有联系的若干账页组成。

为了满足经营管理的需要，企业所使用的账簿种类较多，用途和形式各异，相互之间构成了严密的账簿体系。会计账簿的设置包括确定账簿的种类，设计账页的格式、内容和规定账簿登记的方法等。各单位应根据经济业务的特点和管理要求，科学合理地设置账簿。在登记账簿时，要依据会计凭证进行登记，书写要规范，账页登记要完整，内容登记齐全，避免记账遗漏或重复登账。

（4）成本计算。成本计算是指在生产经营过程中，按照一定的成本计算对象归集和分配各种费用支出，以确定各成本计算对象的总成本和单位成本的一种专门方法。

成本计算要遵循成本计算的原则，严格执行国家规定的成本开支范围和费用开支标准，正确划分各种支出及费用的界限，根据生产特点和管理要求，采用适当的成本计算方法和成本计算组织形式，按照确定成本计算对象，确定成本计算期，确定成本项目，收集成本计算资料，按成本项目归集、分配生产费用，编制成本计算表的成本计算步骤进行成本计算。

企业在生产过程中，要分别计算材料采购成本、产品生产成本和产品销售成本。在计算各种成本时，都要按照成本计算对象，在有关的成本项目中归集和分配费用；要分清直接费用和间接费用，直接费用应直接计入，间接费用应选择一个合理的分配标准，经计算分配计入各有关成本计算对象。

（5）财产清查。财产清查是指通过对实物、现金进行盘点，对银行存款和债权、债务进行核对，确定财产的实存数额，并查明实存数额与账存数额是否相符的一种专门的会计核算方法。

财产清查的盘存制度，是指通过对财产物资的实物盘查、核对，来确定其实际结存情况的一种制度。在会计实务中，盘存制度一般有永续盘存制和实地盘存制两种。

永续盘存制，又称账面盘存制，是指以账簿记录为依据来确定财产物资账面结存数量的一种方法。这种制度的特点是平时对各项财产物资的增加数和减少数，都要根据会计凭证连续计入有关账簿,并随时结出账面结存数量。

实地盘存制是指在期末以具体盘点实物的结果为依据来确定财产物资结存数量的一种方法。采用这种方法,平时在账簿中只登记财产物资的增加数,不登记减少数。到了期末,对各项财产物资进行盘点,再根据实地盘点所得的实存数来倒挤出本期的减少数,然后完成账面减少和结存的记录,使账实相符。

财产清查是一项涉及面广、业务量较大的会计工作,为了提高清查效率,保证清查工作质量,必须采取科学、合理的方法对不同的清查内容采用不同的财产清查方法。

(6) 财务会计报告。财务会计报告是企业对外提供的反映企业某一特定日期财务状况和某一会计期间经营成果、现金流量等会计信息的文件,包括会计报表、会计报表附注以及其他应当在财务会计报告中披露的相关信息和资料。

会计报表又称财务报表,是根据日常核算资料编制的反映企事业单位一定时期财务状况和经营成果等情况的总结性表格文件。会计报表至少应当包括资产负债表、利润表、现金流量表、所有者权益变动表和附注。

资产负债表是反映企业某一特定日期财务状况的会计报表。它是根据"资产=负债+所有者权益"这一会计等式,依照一定的分类标准和顺序,将企业在一定日期的全部资产、负债和所有者权益项目进行适当分类、汇总、排列后编制而成。

利润表又称损益表,是反映企业在一定会计期间经营成果的报表。利润表的编制是依据"收入-费用=利润"这一公式。利润表的格式主要有多步式和单步式两种。按照我国会计准则的规定,我国企业的利润表采用多步式。

现金流量表是指反映企业在一定会计期间现金和现金等价物流入和流出的报表,属于动态报表。所有者权益变动表是指反映所有者权益(股份公司为股东权益)各组成部分当期增减变动情况的报表。

报表附注是对在资产负债表、利润表、现金流量表和所有者权益变动表等报表中列示项目的文字描述或明细资料,以及对未能在这些报表中列示项目的说明等。

本章小结

财务管理经历了四个发展阶段:财务管理的萌芽阶段、初期阶段、中期阶段和近期阶段。

财务管理的内容体系主要包括筹资管理、投资管理、营运资金管理和收益与分配管理。

会计是以货币为主要的计量单位,反映和监督一个单位经济活动的一种经济管理活动。其特点主要包括两方面,一是以货币计量为主要基本形式,二是连续、系统和完整的对经济活动进行核算和监督。

会计学主要包括以下两方面的内容:一是会计学基本概念,主要包括会计核算基础、会计要素与会计等式、账户设置;二是会计核算过程,主要包括企业基本经济业务、会计凭证、会计账簿、成本计算、财产清查和财务会计报告。

重要术语

财务管理　　投资　　筹资　　会计基本职能　　会计要素　　会计等式
复式记账法　　财务报表

第八章

人力资源管理与组织行为学

【学习目标】

通过本章的学习，了解人力资源管理与组织行为学课程在工商管理专业培养计划中的作用，掌握人力资源管理课程的主要结构体系，了解组织行为学的学习要求和内容。

【引导案例】

同仁堂健康企业大学

北京同仁堂健康企业大学于2015年7月1日正式成立，宗旨定位为"通过科技的手段为企业战略转型提供品德兼备、术德兼修的人才"；功能上定位为北京同仁堂健康药业的人才摇篮。同仁堂的员工数量在一万名左右，除了总部的500多人，其余都分散在全国的两千家门店和各地分公司中。北京同仁堂健康企业大学为了使培训覆盖所有员工，在成立之初，先集中精力建立了网络学习平台。通过该平台，员工们可以在各种移动端和PC端随时进行学习。

企业大学通过云平台的科技方式，对全员开展教育培训。培训内容非常丰富，包括全员战略学习、平衡计分卡、流程再造、各项滋补养生、健康保健、天然草本等产品、生产质量管理、营销管理、公共关系、危机管理、组织学习、团体动力等各种领域。从纵向而言，内容可以分为"基层—中层—高层"等不同层级；从横向而言，企业大学结合公司的财务、法务、人力资源、安全、行政等工作，针对同仁堂所需的各种知识、技能及修身处世、待人接物等各方面的需要，提供有针对性的学习内容。大学也给各个部门主管开放了运用平台的权力，例如可以在平台上针对部门员工进行考核，或者制订专属部门的学习计划。

大学还设立了线下的培育型课程，包括店长培训、中层干部领导力培训、内部讲师培训等，包括采取校企合作的方式，与知名高校合办线下培训课程。校企合作具备"人员集中、重回校园、带来荣誉感"等优势，对于线下的系统化培育有着很大的促进作用。

按照传统的金字塔结构，这样的企业大学势必需要数百人来支撑运作。而同仁堂健康大学没有走寻常路。企业大学的运营人员不算多，但充分发挥了虚拟网络的平台概念，动员了全公司的人才投入分享与学习。公司里有学问、经验和想法的同事，可以作为分享者参与企业大学的培训。分享者与听众也不是老师和学生关系，而是一种互相分享的状态——每个人都有自己擅长与棘手的一面，各自取长补短的分享活动是大学重要的学习资源。鼓励员工分享也能激发其上进心和荣誉感。身为学习者和分享者，是完全不同的体验，成为后者即意味着自己的专业能力得到了认可，将会得到极大的鼓励。

与此同时，同仁堂企业大学还充分利用外部资源，如成立智库，通过虚拟的方式，和高校里四十岁以下的博士建立联系，聘任他们作为企业大学的顾问。借助这些博士，大学可以建立很强的沟通与学习平台。大学内部的团队成员可以构建内部的虚拟知识网络；青年智库则帮助大学与外部建立虚拟网络，在平台上激活资源的流动。

资料来源：根据网络公开资料编写。

第一节　人力资源管理

一、人力资源管理的发展历程

1. 人事管理阶段

人事管理的起源可以追溯到较为久远的年代，因为对人和事的管理是伴随着组织的出现而产生的。而现代意义上的人事管理是伴随着工业革命的产生而发展起来，并基于美国的人事管理实践演变而来。19世纪，工业革命持续进行并形成高潮，蒸汽机代替手工劳动，大大提升了劳动生产率，同时也带来了劳动专业化水平的提升。此时工厂所有者和员工间的距离越来越远，专业化的劳动迫切需要对生产过程进行管理，尤其是需要对员工进行监督，此时出现了专门的管理人员，也正是从这一时期开始，人事管理被组织、企业所接受。19世纪末20世纪初，人事管理作为一种管理活动进入企业管理范畴，这一时期也被众多学者认为是人事管理产生的时期。

20世纪初，科学管理尝试通过工作方法、时间和动作研究以及专业化来解决劳动和管理的无效率，其中就涉及科学地挑选工人，对其进行培训和教育。人事管理实践中融合了科学管理的理念，反映了人事管理与生产力以及工作绩效之间的关系。之后，以德国心理学家雨果·芒斯特伯格（Hugo Munsterberg）等为代表的心理学家，进一步推动了人事管理工作的科学化进程。芒斯特伯格于1913年出版的《心理学与工业效率》一书标志着工业心理学的诞生。与泰勒执着于工作效率不同，工业心理学更关注工作和个体差异，提出把注意力放在如何选择合适的工人来适应工作，并设想通过特殊设计的心理测试了解一个人的性格能力特征，在此基础上评价这个人是否与岗位匹配。这个原则一直沿用至今。

这一阶段出现很多人事管理思想，如马斯洛的需求层次理论，霍桑实验中提到的社会人假设、非正式组织等。人事管理不光关注科学管理的流程，还会对"人"这一生产过程中最活跃的要素进行关注。

2. 人力资源管理阶段

1954年，德鲁克提出了人力资源管理的概念，他认为人事工作部分属于文员工作，部分属于操作性工作，部分属于"灭火器"作用的工作。1958年，怀特·巴克（Wright Bake）出版了《人力资源职能》一书，首次将人力资源管理作为管理的普通职能来加以论述。德鲁克和巴克的人力资源管理理论都非常强调管理活动，认为管理活动是建立在企业中的每一个个体都是有价值的资源这一基础假设之上的，必须对他们进行全面的管理。

这一阶段，劳资矛盾、人际关系、工作满意度等问题被正式提出来了。许多企业设立专职的人事部门，同时下设分支主管薪资、劳资矛盾、培训等。

70年代以后，人力资源管理的概念开始广泛使用。相比人事管理阶段以事为中心，对人进行刚性化管理的做法，人力资源管理更注重对人的尊重、关怀及对人性的关怀，把人视为能够创造价值的资源，而不仅仅是工业时代所认为的"工具"。以人为中心，开发人内在的潜能，发挥人的积极性，这是人力资源阶段的指导思想。

3. 战略人力资源管理阶段

20世纪80年代，随着经济全球化和知识经济的发展，人力资源的重要性日益凸显，同时由于人的需求与价值观趋向多元化，对人的管理变得更复杂了。人力资源管理领域的一个重要变化就是把人力资源看成是组织战略的贡献者，依靠核心人力资源建立竞争优势和依靠员工实现战略目标，即出现了战略人力资源管理思想。

相较传统人力资源管理，战略人力资源管理一方面强调人力资源管理的目标导向，也就是通过组织设计将人力资源管理置于组织经营体系中，促进组织的绩效最大化；另一方面强调人力资源管理的契合性，即横向上人力资源各业务模块的契合以及纵向上人力资源管理和企业发展战略的契合。这时人力资源的吸引、保持和开发不再仅仅是人力资源部门的责任，它强调了企业的管理者对于人力资源的优化所需要承担的重任，强调系统地将人与组织关联起来形成统一的、匹配的人力资源管理以支持战略目标的实现。

二、学习人力资源管理的意义

1. 人力资源管理是重要的管理职能

人力资源管理从人事管理蜕变升华而来，其战略重要性不断得到验证和提升。21世纪的竞争归根结底是人才的竞争，因此，企业加强人才的开发和培训，完善人力资源管理，能帮助企业获得更强的竞争实力，拥有高素质、优秀的人才能够源源不断地给企业注入新鲜的活力和推动力。

通用电气的杰克·韦尔奇就非常重视人力资源的战略职能。在韦尔奇任职期间，通用电气确立了只做行业第一的战略方针，针对公司业务进行了一系列兼并重组，在人事结构上杰克·韦尔奇也不断进行调整，提升人力资源部的战略地位。最有代表性的事件是在通用洽谈收购事宜时，杰克·韦尔奇都会带人力资源部经理随行，就企业相关人事问题进行了解，评估是否具有收购可行性。

2. 人力资源是组织竞争力的重要来源

随着社会化大生产和知识经济的到来，人力资源的作用日益明显。企业要想在竞争中脱颖而出，人力资源管理的作用必须得到重视，其在创造公司持续竞争力方面具有十分重要的作用。现代社会，信息化速度不断提升，企业的营销手段、商业模式、产品技术等很容易被模仿，而人力资源是一种无形资产，不像资本投资、专利技术等容易被模仿和抄袭，人力资源可以蕴含在组织中，以一种难以被对手模仿的方式为企业持续创造价值。

3. 学习人力资源管理有助于个人职业生涯的发展

大学生在毕业后往往要加入某个具体的组织来开始自己的职业生涯。学习人力资源管理，可以帮助个人学会从企业视角来看待招聘配置、培训开发、绩效评估、职业生涯设计以及薪酬福利等人力资源工作，将个人发展与企业要求匹配起来，为日后的职业发展奠定良好的基础。因此，学习人力资源管理可以为大学生提供新的视野和理解力，更好地管理自己的职业生涯。

三、人力资源管理的主要内容

1. 人力资源管理的内容结构

人力资源管理是指根据企业发展战略的要求，有计划地对人力资源进行合理配置，通过对企业中员工的招聘、培训、使用、考核、激励、调整等一系列过程，调动员工的积极性，发挥员工的潜能，为企业创造价值。人力资源管理主要包括人力资源规划、招募与配置、培训与开发、绩效评估管理、薪酬与激励、员工关系管理等内容，基本框架如图8-1所示。

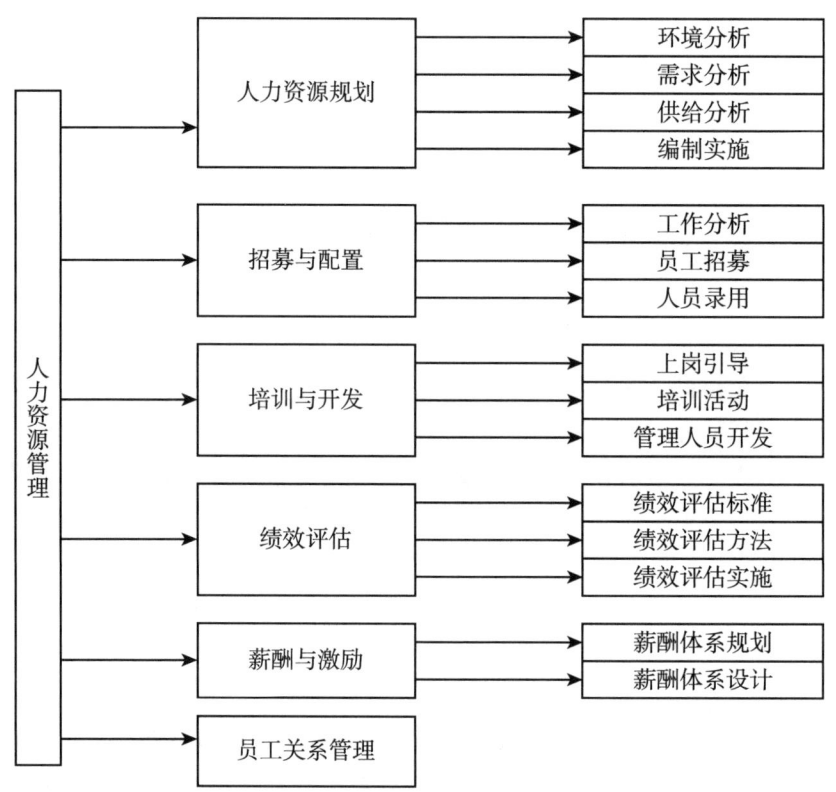

图8-1 人力资源管理学基本框架

资料来源：陈维政、余凯成、程文文，《人力资源管理》，高等教育出版社2016年版，作者整理绘制。

2. 人力资源规划

人力资源规划包括环境分析、人力资源需求预测、人力资源供给分析、人力资源规划的编制实施等内容。

环境分析是人力资源规划的第一个阶段，目的是搞清企业所面对的内外部环境，为后续的人力资源规划编制打下基础。社会化大生产和知识经济的到来，使得企业外部环境变化速度更快，进而对企业人力资源工作产生直接影响。例如，环境中快速变化的技术迫使组织雇佣那些拥有以前并不为组织所需要的技能的员工。

人力资源需求预测是指在环境分析的基础上，预测组织下一步需要多少员工，需要哪种类型的员工。人力资源需求预测受到许多因素的影响，与组织的整体战略目标、组织结构设置和职位设置、管理体制等密切相关，所以需要对组织战略规划等进行深入分析，一般调查项目包括组织结构设置及机构设置、现有员工工作情况及定额配置、未来生产计划及生产因素的可能变动情况等。

人力资源供给分析是指对现有员工进行供给分析，了解组织人员数量多少，质量如何，能否满足未来企业发展需求等。进行人力资源供给分析，首先要确定内部人力资源供给预测，对于内部人力资源，除了关注当下员工情况，更要预测在将来随着企业发展、外部环境变动等情况，经过升迁、内部流动、离职后，组织内人力资源能否满足企业需求。

人力资源规划的编制实施是指在人力资源需求和供给分析之后，进行的人力资源规划的具体方案。人力资源规划一般包括基础性的人力资源规划和业务性的人力资源行动计划，各个计划要充分考虑平衡问题，一旦偏离平衡就要进行相关调整，员工短缺就需要进行招募或者培训工作，员工过剩就要进行解除劳动合同、裁员、提前退休等措施。在人力资源规划方案实施过程中，还要有相关控制措施，主要包括建立完善的人力资源管理系统、人力资源供应控制、降低人力资源成本等。

3. 招募与配置

通过人力资源规划，企业对员工有需求之后，需要进行招募与配置，具体包括工作分析、员工招募、人员录用。

工作分析是对组织中某个特定工作职务的目的、任务或职责、权力、隶属关系、工作条件、任职资格等相关信息进行收集与分析，确定工作的任务和性质，以及哪些类型的人员适合此类工作。工作分析的结果是形成工作描述与工作说明。这些信息决定了组织需要招聘和雇佣什么样的人来从事此项工作，可以说工作分析是招聘、培训、薪酬激励、绩效评估等流程的基础。

员工招募是根据人力资源规划和工作分析的结果，明确企业需要的人才类型以及制定相应的职位空缺计划，以及通过何种手段来完成人才的招聘，是组织从外部吸收人力资源的过程。员工招募对企业意义重大，不仅可以保证组织发展所需的人力资源，还会为组织增添新生力量，注入新的管理思想，为组织增强活力。招募一般包括招募计划的制订与审批、招聘信息的发布、应聘者申请、选拔审查等流程。

人员录用是在一系列面试及人员素质测评甄选后，做出录用决策，进行新员工入职引导。做出录用决策要保证信息准确可靠、资料分析方法正确、招聘程序科学、能力与岗位匹配等。招聘过程中一系列甄选活动就是为了对应聘者做出判断，做出对应聘者接受或者拒绝的决定。做出录用决定后，需要对新员工做入职引导，让新员工尽快了解企业，融入团队，进入工作状态。

4. 培训与开发

培训和开发是试图给员工提供信息、技能，使员工理解组织及其目标，并提升员工管理水平的过程。一般包括上岗引导、培训活动、管理人员开发。

上岗引导是把新员工引入企业，让员工获得完成工作必需的信息。上岗引导培训是使新员工融入企业的一个必要环节，它向员工灌输企业的价值观和行为模式，有助于减少雇员上岗初期的不安感。上岗引导也可以有多种形式，如进行新员工的入职培训，入职面谈，还可以同时发放员工手册等。

培训活动是向员工传授完成工作所需技能，使员工行为与企业价值观相融合的过程。培训具有很强的应用导向性，是为解决实际问题而建立的过程，可以说技能的提高是培训需要完成的，而行为方式、人际能力、认知能力等的提升是培训计划的更高目标。培训方式存在多种类型，如案例研究、讨论交流、角色扮演、心理测试、小组活动等。一个完整的培训过程包括需求确定、目标设置、计划拟订、活动进行及总结评价。

管理人员开发是指通过传授知识、转变观念或提高技能来改善当前管理工作绩效的活动。包括企业内教学计划，比如授课、辅导和轮流作业等；专业教学计划，如大学开设的管理人员 MBA 课程教学计划。管理人员开发之所以重要是因为内部提升已成为管理人才的主要来源。通过管理人员开发，使现有员工或者管理人员可以顺利胜任更高职位，更好地提升对组织的忠诚度，为组织做贡献。

5. 绩效评估管理

绩效评估是企业根据员工的职位说明，对员工的工作业绩进行考察和评估。一般包括绩效评估标准、绩效评估方法和绩效评估实施。

绩效评估标准是对员工工作绩效的数量和质量进行检测的准则。评估标准按不同角度有不同分类。评估标准的编制要科学合理，使得局部标准和整体标准一致，各要素、各环节保持协调配套。

绩效评估方法是对员工进行绩效评估所使用的工具手段。绩效评估方法多样，根据评估侧重点的不同可以选择不同的评估方法，如针对个人的客观性评估方法和与他人作对比的多人评估方法。经常使用的评价方法包括360度评估、关键绩效指标、排序法、配对比较法等。

绩效评估实施是对绩效方案进行实际执行的过程。绩效评估实施要明确绩效评估的实施者、评估的时间、评估的信度和效度等。影响绩效评估的因素很多，包括评估者的判断、与被评估者的关系、评估标准和方法以及组织环境等，所以绩效评估的实施要综合多种因素进行考量，保证实施效果。

6. 薪酬与激励

薪酬是员工为企业做出贡献而获得的直接或间接的货币收入，包括基本工资、奖金、津贴、福利等。薪酬与激励包括薪酬体系的规划和薪酬体系的设计。

薪酬体系的规划包括总体规划和分类计划，分类计划是总体计划的分解和细化，对总体规划的执行起细化作用。进行薪酬体系规划是为了适应外部环境，增强企业凝聚力，保证内部公平和分配的计划性以及控制企业人力资源成本。

薪酬体系的设计是针对不同的人员层次所进行的薪资方案的制定。一般分为普通管理人员薪酬设计、业务人员及其他人员薪酬设计、职务消费以及高级管理人员薪酬激励。各个方案设计的确定原则和侧重点不同，薪酬体系会呈现不同的形式。例如，对业务人员会制定业务提成，高级管理人员会进行股权激励。薪酬可以说是人力资源管理活动中最受关注的部分，随着市场经济的发展，人们也在不断摸索薪酬制度新的方法，使体系设计可以符合劳动力市场价值规律，充分调动员工积极性。

7. 员工关系管理

员工关系是由于雇佣行为产生的一种社会关系。由于经济、政治、法律制度、文化环境以及微观层面行业、企业不同，员工关系会表现出顺从、竞争、冲突、合作等形式。员工关系一词源于西方人力资源管理体系，早期由于劳资矛盾激烈，影响企业正常运营，给企业带来了损失。在双方的交流博弈中，管理层认识到缓解劳资矛盾、让员工参与经营管理的重要性，之后社会法律制度等不断完善，对员工关系的重视程度也越来越高。

员工关系管理，从广义上讲，是各级管理人员和人力资源职能管理人员，通过拟订和实施各项人力资源政策和管理行为，以及其他的管理沟通手段调节企业与员工、员工与员工之间的相互关系，从而实现组织的目标并确保为员工、社会增值。狭义上讲就是企业和员工之间的沟通管理，这种沟通多采用柔性的、非强制性的手段，以提高员工满意度，支持企业目标的实现。

第二节　组织行为学

一、组织行为学的产生和发展

1. 组织行为学的萌芽阶段

组织行为学是一门研究组织系统内部的成员在相互作用过程中所表现出来的心理现象和行为规律的应用科学。组织行为学的产生是组织演变、管理理论发展的必然结果，与工业心理学、管理心理学、组织心理学等有着很深的历史渊源。

组织行为学的出现可以追溯到 20 世纪初，其产生主要是为了解决资本主义原始积累阶段激烈的劳资矛盾。自 20 世纪 20 年代起，人们逐步认识到心理学在工作环境中的作用，于是工业心理学开始兴起。早期的工业心理学主要是以个体为研究对象，研究成果集中于工作中个体差异分析、改进工作方法、建立最佳工作条件等方面。这个时期的研究者们研究视角也比较狭窄，缺少社会学和人类学的论点和论据，未能观察到工作的社会环境、人际关系、领导与被领导的关系，以及组织本身所具有的社会性。

1933 年，梅奥归纳、总结并整理出霍桑实验的结果，并于同年出版了《工业文明中人的问题》一书，系统提出了人际关系理论，为组织行为学的形成、发展提供了实验和理论基础。从此，更多的专家学者致力于对人的行为进行研究。自然科学和社会科学方面不断取得的成果推进了对该问题的研究进程，从而推动这一新兴学科在20世纪50年代左右正式形成。1949年在美国芝加哥大学召开的一次跨学科的学术会上，提出了"行为科学"的概念。1953年美国福特基金会邀请一些大学的著名学者研讨后，正式把这门综合性极强的学科命名为"行为科学"（behavior sciences）。行为科学是凭借心理学、社会学、人类学及其他一切与人的行为有关的科学（如政治学、历史学、教育学、生物学、宗教学等）的理论来研究人的各种行为，因而是一门综合性极强的科学。行为科学的产生和发展促成了行为科学学派的形成。

2. 组织行为学的形成阶段

1958年，美国斯坦福大学的莱维特（H. J. Leavitt）正式开始使用"管理心理学"（management psychology）代替原来所用的工业心理学、工业社会心理学等术语，管理心理学是心理科学的一个分支，是通过运用包括心理学在内的各学科知识来提高管理水平的一门应用型科学。

从20世纪60年代中期开始，随着该学科的研究重心从个体到群体，再到组织的转移，从事管理心理学研究和实验的机构也从高校的心理学部转入管理学部，而原来的"管理心理学"（或组织心理学、工业心理学、行为科学）逐渐改称为"组织行为学"。

3. 组织行为学的发展阶段

20世纪90年代以来，组织行为学有了新的发展，主要表现为以下几个方面：首先，组织变革已成为全球化经济竞争中组织行为学研究的首要问题。与组织变革密切相关的是领导行为研究。受权变理论的影响，先后出现了多种领导理论。

目前，在个体层面上，组织行为学比较注重决策和判断中所采用的认知策略和判断决策问题；在组织层面上，组织行为学主要分析不同背景下的决策模式、权力结构和参与体制，并特别重视决策技能的开发和利用。与组织变革密切相关的还有激励机制和企业文化，它们也成为组织行为学研究的热点。

组织行为学研究，除了强调生产率，更加关注工作生活质量。组织行为学认为强调生产率与强调工作生活质量并非互相排斥，如果工作生活质量不令人满意，则很难实现高生产率；与之相反，高的生产率是拥有改善工作生活质量的前提条件。组织行为学越来越重视工作满意度、员工安全与健康、组织文化、组织承诺、心理契约、压力管理、工作—家庭平衡等方面内容的研究。

4. 组织行为学在中国的发展

虽然我国传统文化蕴含着丰富的管理心理学思想，但这些思想基本停留在经验和朴素的认识上。组织行为学作为一门独立的学科，是从西方引进的。1980年，中国心理学会工业心理专业委员会的成立，标志着我国组织行为学的起步。

从20世纪80年代开始，随着我国人力资源管理热的兴起，部分高校管理学院的教师开始从事组织行为学的教学和研究。1985年第一部由我国学者卢盛忠编写的《管理心理学》教材出版后，又陆续出版了许多管理心理学和组织行为学的著作。同时这个领域的研究也广泛开展起来，包括激励、人员测评、岗位胜任特征、工作业绩评价、管理培训与发展、变革型领导、管理决策、跨文化研究、组织氛围和组织文化、组织公民行为等，取得了可喜的成绩。

二、组织行为学的主要内容

1. 组织行为学的内容结构

分工协作是组织运行的必要手段,组织运行的过程就是通过分工协作共同完成组织既定目标的过程。而组织成员的行为是个体、群体、组织系统交互影响的结果。组织行为学就是以组织系统内部个体、群体、组织及其关系作为主要研究对象的学科。

组织行为学主要研究三个层次的问题:即个体行为、群体行为和组织系统,以及这三个层次之间的相互联系、相互作用。具体来说,第一,研究组织对其成员心理和工作行为的影响,如组织对于员工价值观的影响以及对员工工作绩效、流动率、工作态度等行为的影响;第二,研究组织成员的工作行为方式及其绩效对整个组织效能和绩效的影响;第三,研究组织对环境的适应性行为和持续发展问题。基本框架如图 8-2 所示。

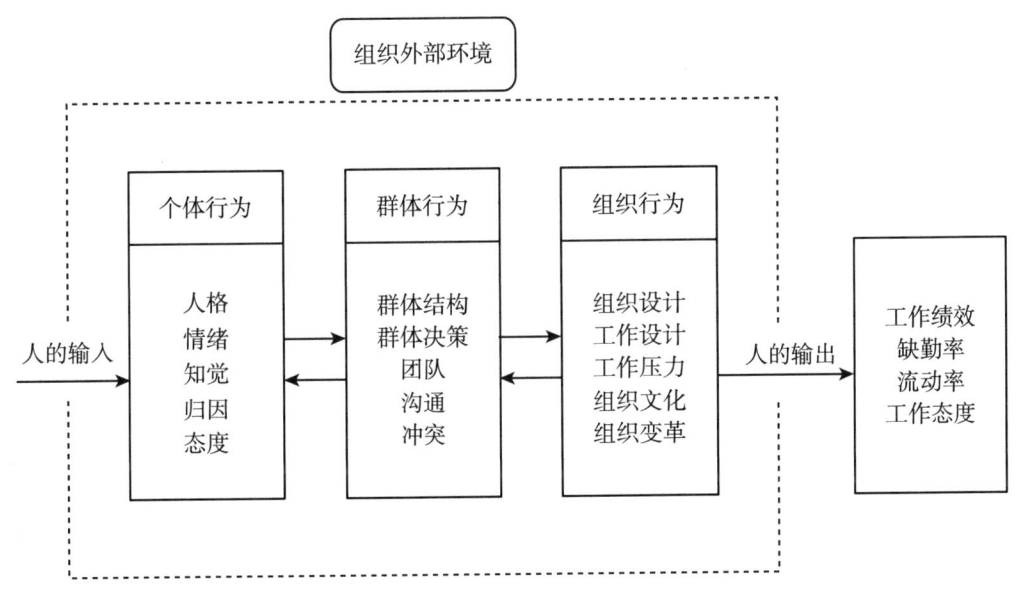

图 8-2 组织行为学的内容体系

资料来源:赵慧军、肖霞,《组织行为学》,教育科学出版社 2011 年版,作者整理绘制。

2. 组织中个体行为的研究

对组织行为学的研究,一般都要从个体心理和行为的研究开始。个体的研究在组织行为学中占有重要地位。因为个体是群体的细胞,个体心理与行为是群体心理与行为、组织心理与行为的基础。个体进入组织时带有明显的差异性,即人与人之间存在不同的个性特征。个体差异可以是生理的、心理的和情感方面的。个体带着各自的特点,如性别、个性特征、年龄、基本能力、价值观等加入组织,形成独特的个体。这些个体之间的差异影响着员工在工作中的表现,如工作绩效、工作满意度、流动率和缺勤率等。同时,这些特点会在组织的长期工作和学习中得到改变和发展,进而对员工的行为和组织的有效性产生进一步的影响。因此,组织行为学中研究个体是为了让员工的个性朝着组织所期望的方向发展，同时达到个体工作的满意度。

行为是个体的外在表现，而认知则是发生在个体内部的、影响外在行为的内在加工过程。个体的社会知觉、归因、印象等认知活动会直接影响到个人决策和组织决策；此外，个体的态度和价值观是影响人的行为的深层因素，如果组织的核心价值观能够得到员工的认同，对组织的长远发展会产生积极影响。我们要在分析个体能力、气质、性格等心理特征的基础之上，分析个人的心理过程，如认知、态度、价值观对个体行为和组织的影响。

人的行为模式是由以下过程形成的：内外刺激引发需要，需要引起动机，动机产生目标导向，目标最终支配行为。组织管理的一个重要内容就是使员工产生和维持与组织目标相一致的工作积极性，而员工的工作积极性又源于其需求和目标的满足程度。因此，管理者要了解员工的需要和动机，借此来激励员工。激励的实质就是如何使个体为实现组织目标付出高水平的努力，且努力的结果又能满足个体的需要。如此循环往复，才能实现组织与员工的双赢，进而不断提高员工个人绩效和组织绩效，最终实现组织目标并使组织能够长远发展。

因此，我们要学习个体间差异的相关内容，包括人格和情绪、知觉、归因和态度，以及在学习激励理论的基础上研究激励的技术和方法。

3. 组织中群体行为的研究

组织行为学不是孤立地研究一个组织中的个体、群体和组织的心理和行为，而是按照系统的研究方法，基于系统理论的观点，将组织看作一个系统，其中存在着众多群体构成的各个子系统，各个子系统相互联系，密不可分。群体中每个成员的行为都可能影响群体中的其他成员，或是被其他成员所影响。换句话说，人在群体中的行为比个人单独活动要复杂得多。因此，研究群体形成、群体规范、群体决策等，对认识群体现象和群体心理规律及对组织管理有着重要意义。

工作团队的出现是企业组织结构和员工工作方式的根本变革，是企业管理哲学的根本转向，即从控制、集权和个人分工转向自主、授权和协同。随着全球化的发展，企业的内外环境急剧变化，传统层级控制的科层组织已经难以应对这些挑战，而工作团队具备灵活、高效的特征，能有效应对这些复杂多变的情况。因此，研究工作团队的构成要素、基本类型、建立过程、运行方式等，对于企业的长远发展和变革异常重要。

任何群体的工作都不是由某个个体独立完成的，需要有若干个体分工合作才能达成目标。在这个过程中，涉及人员分配、资源配置、指挥协调等问题，需要有一个处于中心位置的领导者将这些无序的工作整合和统筹。领导者个人特质、领导风格和行为、对权力的理解和运用、对环境的应变和掌握都会在影响组织成员和提高绩效方面发挥重要作用。

沟通贯穿于组织的全过程，可以说沟通无处不在。组织成员之间的相互了解、上下级之间的反馈、部门之间的横向协调、与外部利益相关者的合作和博弈等，都以信息沟通为前提和基础，有效的沟通是实现组织目标的可靠保障。从某种意义上说，缺乏有效的沟通是抑制一个群体取得成功绩效的关键因素，因为沟通不畅会阻碍组织的正常运行，导致管理的混乱，甚至影响组织的生存与发展。因此，管理者必须掌握有效沟通的技巧，以便更好地作出决策和有效地实施决策。

然而，沟通和交往难免会造成冲突，这是组织运行过程中的常态。冲突也是任何组织必须面对的问题，是组织行为中一个重要研究领域。组织内外部存在着不同层次、不同类型、不同需求的交往，有同事之间、上下级之间、部门与部门之间、跨组织之间的交往，由于组织结构因素、个体差异、利益取向的存在，这种交往关系可能导致合作，也可能导致分歧、争论和对抗。后者就是通常所说的"冲突"。如何解决和利用冲突即冲突管理是管理者必须面对和解决的问题。

因此，在组织行为学中将会学习群体行为的基础，研究群体决策及影响群体绩效的因素，学习如何建设高效的工作团队，研究领导方式和领导工作的有效性，学习人际关系和沟通，研究群体冲突及其解决办法，从而帮助管理者和员工更好地理解和改进他们在其中发挥作用的群体。

4. 组织系统的研究

组织的运行离不开与之相匹配的框架和结构，越是庞大的组织对组织结构的要求就越高，人与人之间的关系就更加需要管理。这就要求组织结构能合理规划人员分工、职责和职权、层级、幅度，同时又能兼顾战略目标及外部环境稳定性等因素。可见组织结构的设计是一项复杂而关键的工程。不同的组织结构各有差异，不同的组织结构会对员工的工作态度和行为产生影响。

组织设计是指对组织结构进行规划、构建和变革，以便确保组织目标的有效实现。在设计组织结构时需要注意基础的理论和概念：专业化与部门化、职责与职权、层次与幅度、直线与参谋等。组织行为学中将学习这些影响组织结构设计的关键因素，不同的组织结构对员工行为有何影响，组织结构的基本类型和具体内容，以及如何进行组织结构设计，同时提出若干组织结构设计的方案。

每个组织都会经历变革，而且也必须变革，将大部分时间与资源用在维持现状上的企业，是不可能在如今这种不确定环境中获得成功的。只有进行持续不断的组织变革，完善自身结构及功能，改变员工态度和行为，提炼和维持核心竞争力，才能确保组织适应内外部环境的变化，延长生命周期，从而永续经营、生生不息。组织变革与发展是组织行为学中的重要内容。

组织具有协调和控制的功能，又具有层次结构、权力关系等，同时，它们也有个性，有的组织灵活，有的组织呆板。当组织形成了某种"个性"以后，它就成为影响其成员态度与行为的重要因素。因此，组织文化的构成、产生、维系和变革，员工对组织文化的学习等方面的内容，将有助于解释和预测员工的心理与行为。

本章小结

人力资源管理经历了三个发展阶段：人事管理产生阶段、人力资源管理阶段、战略人力资源管理阶段。

人力资源管理主要包括人力资源规划、招募与配置、培训与开发、绩效评估管理、薪酬与激励、员工关系管理等内容。

组织行为学经历了三个发展阶段：早期萌芽阶段、形成阶段、持续发展阶段。

组织行为学主要研究的是三个层次的问题,即个体行为、群体行为和组织系统,以及这三个层次之间的相互联系、相互作用。

重要术语

人力资源管理　　人力资源规划　　招募　　培训　　薪酬与激励　　组织行为学　　个体行为　　群体行为　　组织系统

第九章

战略管理与创新管理

【学习目标】

通过本章的学习,了解战略管理和创新管理课程在工商管理专业培养计划中的作用,掌握战略管理课程的主要结构体系,了解创新管理课程的学习要求和内容。

【引导案例】

格力电器公司开启多元化战略

2016年7月23日,在第二届中国制造高峰论坛上,格力电器董事长兼总裁董明珠首次正式宣布格力进入多元化时代。这意味着,格力电器自成立以来一直坚持的空调制造单一主业格局被打破。

格力跨界,其实已经不是新鲜事。2016年3月6日,停牌中的格力电器发布公告,宣布将收购珠海银隆新能源公司,拟切入新能源汽车领域。同年6月,格力二代手机正式对外发售。更早之前,格力也先后进入冰箱、电饭煲、空气净化器等其他生活电器领域。

不过,格力电器一直在竭力避免"多元化"的形象。董明珠更是先后在多个场合为格力专注于空调制造主业辩护,坚称要把一件事做好,并在2014年将一元化战略做到了顶峰。当年,格力销售空调5000多万台,国内市场占有率近半,营业收入1400亿元,成为中国家电业唯一一家靠单品类产品做到千亿销售额的企业。

但是,2015年,格力电器营业收入和净利润指标双双下滑。尽管董明珠将下滑的主要原因归结于企业的主动调整,但是,如果还纯粹依靠空调主业一条腿走路,显然已经不够。

"一条跑道不行,就得多条跑道。"董明珠终于否定了一次自己,正式宣布格力从单一的空调生产商转型到多元化的装备制造企业。

格力的多元化,被董明珠定位为"相关多元化",即在"技术相关多元化"(如空调技术、模具技术、装备制造技术、新能源技术)的基础上,形成"业态相关多元化"(如智能家居、工业制品、智能装备)。按照格力的多元化思路,公司从空调的优势出发,将创新优势和技术实力不断拓展和深化,实现以空调、手机、小家电等产品为代表的智能产品,以机器人、物流系统、机床、模具等为代表的智能装备的"双智"多元化。

资料来源:根据相关新闻报道编写。

第一节 战略管理

一、战略管理的产生和发展

1. 战略管理的萌芽阶段

战略管理（strategic management），作为一个重要的管理学研究领域，萌芽于20世纪初。在此时期，虽未出现系统的战略理论，但是已经出现了不同的战略思想。管理过程学派创始人法约尔在20世纪初对企业内部的管理活动进行整合，提出了六大类工业企业活动，即技术活动、商业活动、财务活动、安全活动、会计活动和管理活动，并提出了管理的五项职能：计划、组织、指挥、协调和控制，其中计划职能是企业管理的首要职能。这可以说是最早出现的企业战略思想。

之后，系统组织理论创始人切斯特·巴纳德（Chester I. Barnard）于1938年在《经理人员的职能》一书中，首次将组织理论从管理理论和战略理论中分离出来，认为管理和战略主要是与领导人有关的工作。此外，他还提出管理工作的重点在于创造组织的效率，其他的管理工作则应注重组织的效能，即如何使企业组织与环境相适应。这种关于组织与环境相"匹配"的主张成为现代战略分析方法的基础。

肯尼斯·安德鲁斯（Kenneth R. Andrews）的经典著作《公司战略概念》一书为战略提供了最初的分析框架。他将战略划分为四个构成要素，即市场机会、公司实力、个人价值观和渴望、社会责任。其中市场机会和社会责任是外部环境因素，公司实力与个人价值观和渴望则是企业内部因素。他还主张公司应通过更好地资源配置，形成独特的能力，以获取竞争优势。

2. 战略管理的形成阶段

20世纪60年代初，美国著名管理学家钱德勒的《战略与结构：工业企业史的考证》一书出版，首次引入了企业战略问题的研究，并提出了"结构追随战略"的论点。他认为组织结构必须适应企业战略的变化，而企业战略又应当与外部环境相适应，从而确立了"环境—战略—结构"这一开创性的战略理论分析方法。此后，很多学者积极参与企业战略理论的研究，逐渐形成战略管理的十大学派，这些学派从不同角度或维度对战略管理提出自己的主张。其中，以"设计学派"和"计划学派"最具代表性。

设计学派以美国哈佛商学院的安德鲁斯教授为代表，将战略结构区分为两大部分：制定与实施。制定过程采用SWOT分析法，通过一种模式，将企业的目标、方针、经营活动及环境结合起来。设计学派认为，在制定战略的过程中要分析企业的优势与劣势、环境所带来的机会与造成的威胁；主要的领导人员应是战略制定的设计师，并且还必须督导战略的实施；战略应该是清晰的、易于理解和传达的。

计划学派几乎与设计学派同时产生，计划学派以安索夫为代表。安索夫在1965年出版的《公司战略》一书中首次提出了"企业战略"这一概念，"战略"一词随后在理论和实践中广泛运用。1979年安索夫出版《战略管理》，系统提出战略管理八大要素：外部环境、战略预算、战略动力、管理能力、权力、权力结构、战略领导、战略行为。计划学派认为，战略构造应是一个有控制、有意识的正式计划过程；企业的高层管理者负责计划的全过程，而具体制订和实施计划的人员必须对高层负责；通过目标、项目和预算的分解来实施所制订的战略计划，等等。

3. 战略管理的发展阶段

从 20 世纪 80 年代开始，战略管理研究进入繁荣时期。这个阶段战略管理理论有两个主要进展：一是以哈佛大学商学院的迈克尔·波特（Michael E. Porter）为代表的定位学派；二是以普拉哈拉德和哈默（Prahalad & Hamel）为代表的资源基础学派。

定位学派认为，企业在制定战略的过程中必须要做好两个方面的工作：一是企业所处行业的结构分析；二是企业在行业内相对竞争地位的分析。定位学派将战略分析的重点第一次由企业转向了行业，强调了企业外部环境，尤其是行业特点和结构因素对企业投资收益率的影响，并提供了诸如五种竞争力模型（供应商、购买者、当前竞争对手、替代产品厂商和行业潜在进入者）、行业吸引力矩阵、价值链分析等一系列分析技巧，帮助企业选择行业并制定符合行业特点的竞争战略。

随着战略管理研究的不断深入，学者们逐渐发现纯粹的战略定位观已无法满足战略实践的需要，尤其是对于相同行业中采取相同战略，其绩效却迥然不同的企业，这时从企业内部寻找竞争优势来源的资源基础观逐渐成为新的战略逻辑。伯格·沃纳菲尔特（Birger Wernerfelt）发表的"企业的资源基础论"一文标志着资源基础论的诞生。资源学派认为，企业战略的主要内容是如何培育企业独特的战略资源，以及如何培育最大限度地优化资源配置的能力，它强调要素市场的不完全性，认为不可模仿、难以复制、非完全转移的独特资源是企业获得持续竞争优势的源泉。

4. 战略管理的前沿

20 世纪 90 年代以前的企业战略管理理论，大多建立在竞争的基础上，侧重于讨论竞争及竞争优势。随着信息技术和网络技术的广泛使用，企业面临的竞争环境更加富于变化和难以预测。在新的形势下，企业逐渐认识到，企业战略的目的不是保持优势，而是不断地创造新优势，企业必须超越以竞争对手为中心的战略逻辑。在此背景下涌现出一系列新的战略理论。

集群竞争战略。20 世纪 90 年代以来，有关集群的研究成为经济学、地理学、管理学和社会学的焦点。波特于 1990 年在《国家竞争优势》中提出集群的概念后，在 1998 年又发表了《产业集群与竞争》，在该文中波特肯定了企业集群对维持企业竞争优势的重要性。他认为在一定的地理位置上集中的相互关联的企业以及相关机构可以使企业享受集群带来的规模经济和好处，也可以保持自身行动的敏捷性。

蓝海战略。2005 年由钱·金（W. Chan Kim）和勒妮·莫博涅（Renee Mauborgne）合著的《蓝海战略》一书引起极大反响。蓝海战略要求企业突破传统的血腥竞争所形成的"红海"，拓展新的非竞争性的市场空间。与已有的，通常呈收缩趋势的竞争市场需求不同，蓝海战略考虑的是如何创造需求，突破竞争。目标是在当前的已知市场空间的"红海"竞争之外，构筑系统性、可操作的蓝海战略，并加以执行。只有这样，企业才能实现机会的最大化和风险的最小化，赢得真正的竞争优势。进入 21 世纪以来，战略管理有了诸多的新发展,推动了战略管理理论的不断创新,新领域、新概念不断涌现,主要有企业战略国际化、技术创新战略等主题。

二、战略管理的主要内容

1. 战略管理的内容结构

企业战略管理是确定企业使命,根据企业外部环境和内部经营要素确定企业目标,保证目标的正确落实并使企业使命最终得以实现的一个动态过程。一般来说,战略管理的内容结构如图9-1所示。

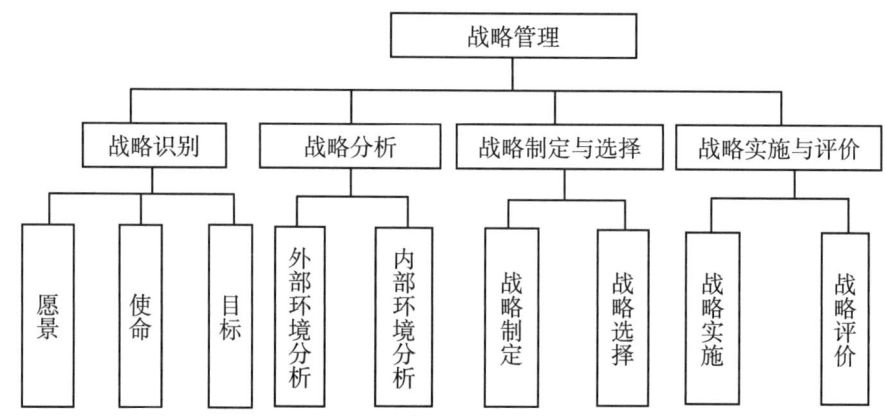

图 9-1　战略管理基本框架

资料来源:邹昭晞,《企业战略管理》,中国人民大学出版社2012年版,作者整理绘制。

2. 战略识别

战略管理的首要任务是确立战略方向,包括制定企业的企业愿景、使命与目标。企业愿景是对企业使命和未来理想状态的一种精简描述,它为企业战略的制定提供了背景框架,是企业自身的一种定位。企业愿景的陈述具有前瞻性、开创性特征,是就企业未来发展前景达成的共识,反映了企业的价值观和期望,是对"我们希望成为怎样的企业"的一种持续性回答。企业愿景具有指引战略实施、凝聚员工、提高组织绩效等作用。

企业使命是对企业在社会中的经济身份或角色的表示,它是对企业存在的价值和意义的概括说明。企业使命描述了企业的愿景、共享的价值观、信念以及存在的原因,通常会载入企业的政策手册和年度报告中。它是企业管理者确定企业发展的总方向、总目的、总特征和总的指导思想。它反映了企业的价值观和企业力图树立的形象,揭示出企业与其他企业总体上的差异。一般来说,绝大多数企业的使命是高度概括和抽象的,企业使命不是企业经营活动具体结果的表述,而是企业开展活动的方向、原则和哲学。

战略目标是指企业通过一段时期的战略行动而达到的具体结果,它是对企业使命的进一步细化和分解,是对企业生产经营管理活动全局的筹划和指导。战略目标是对企业战略的一种定位,是企业战略的核心,表明了企业战略的指向。根据层次不同,战略可以分为公司战略、经营战略和职能战略三种类型。

3. 战略分析

通过战略识别确定企业目标之后，要进一步展开对外部环境和内部环境的分析，以便及时对战略做出判断。

企业通过外部环境分析，对行业环境做出判断，预测行业未来的发展态势；对产业结构进行分析，掌握产业当前的竞争局势。外部环境分析主要包括：（1）宏观环境，主要由政治法律（political & legal）、经济（economic）、社会文化（social & cultural）和技术（technological）因素相互影响而成，因此宏观环境分析又简称为 PEST 分析。宏观环境分析的意义，在于如何确认和评价政治法律、经济、科技及文化因素对企业战略目标和战略选择的影响。（2）行业环境分析是指对行业的性质、竞争者、供应商、消费者进行分析。行业环境分析的目的在于弄清行业的总体情况，把握行业中企业的竞争格局以及本行业和其他行业的关系，有效地发现行业环境中存在的威胁，努力寻找企业发展的机会，从而选择自己希望进入的行业以及在行业中所处的地位。（3）竞争者分析。竞争者分析包括竞争者的确定、竞争者的战略目标分析、竞争者的现行战略分析、竞争者的假设及能力分析。

企业内部环境，是指企业能够控制的内部因素。内部环境是企业进行生产经营活动的基础，内部环境虽然包含很多内容，但是最根本的是企业的资源与能力，企业战略的制定和实施必须建立在现有的资源和能力上。资源是指企业所拥有或控制的、能够为顾客创造价值和实现企业自身战略目标的各种要素禀赋。进行企业资源分析就是系统地分析企业资源在数量和质量两个方面的构成及配置情况，其意义在于发现企业在资源获取和利用上的优势和劣势。相较于资源而言，企业能力是指企业通过整合资源实现企业价值增值的技能。进行企业能力分析旨在对企业关键性能力进行识别，以及对关键性能力在竞争表现上的分析，主要从生产能力、营销能力、研发能力、管理水平、业务能力等方面进行分析。

此外，在内部环境分析时，需要掌握一些基本的方法，主要有 SWOT 分析法、价值链分析法和投资组合分析法。这些方法帮助我们清晰地了解企业内部情况，从而为下一步战略制定打下基础。

4. 战略制定与选择

战略制定是战略活动的起点。企业战略制定是在分析企业内外部环境的基础上，认清企业面临的威胁与机遇，明确自身优势与劣势，根据企业发展要求和经营目标，依据机遇和机会，列出所有可能达到的战略方案；之后评价和比较战略方案。企业根据股东及相关利益团体的期望和要求，确定战略方案评价标准，并依据标准比较各种可行战略方案；在评价和比较的基础上，企业选择一个最为满意的方案作为正式方案。

战略决策者在面临多个可行方案时，往往很难做出决断。在这种情况下，影响战略选择的因素很多，其中，较为重要的包括以下几点：（1）过去战略的影响；（2）企业对外界的依赖程度；（3）对待风险的态度；（4）竞争者的反应；（5）文化因素；（6）政治法律因素。

5. 战略实施与评价

战略实施是指将企业制订的战略方案付诸行动。企业在弄清了所处内部环境和外部环境之后，根据企业的使命和宗旨制订了实现战略目标的战略方案，然后专注于将战略方案转化为具体行动。战略的实施是一个自上而下的动态管理过程。自上而下主要指在公司高层制订了战略目标后，在各层级梯次传达的过程。在这个梯次传达执行的过程中，各部门分工和执行各自的工作内容。

战略评价主要是指评估企业经营计划的执行情况，监控企业内部环境和外部环境的变化，考察企业的战略基础，以保证企业可以快速应对环境的变化和防范风险的发生。战略评价主要包括以下三项基本活动：（1）考察企业的战略基础。企业的战略是在对内部环境和外部环境分析的基础上做出的选择，战略基础是对企业内部环境和外部环境的界定。如果战略基础发生变化，那么原有战略基础上制定的企业战略就会失去有效性。（2）比较预期业绩与实际业绩。企业比较预期业绩与实际业绩的差异，可以解决两个方面的问题：一是战略实施的实际业绩如何，是否发生偏差；二是发现战略基础发生变化造成的影响。（3）分析偏差的原因及应采取的对策。其重点在于判断偏差产生的原因。

第二节　创新管理

一、创新管理概念的产生和发展

1. 创新管理概念的形成阶段

创新管理是社会组织为达到科技进步的目的，适应外部环境和内部条件的发展变化而实施的管理活动。20 世纪上半叶是创新管理理论的形成时期，创新管理理论的研究范围在扩大，对社会的影响也逐渐扩展。最早论述创新管理的学者当推著名的经济学家约瑟夫·熊彼特。

约瑟夫·熊彼特于 1912 年出版了其名著《经济发展理论》。在书中，他首先确定了创新的含义，将创新这个概念纳入经济发展理论，论证了创新在经济发展过程中的重大作用。熊彼特认为，创新是把一种从来没有过的关于生产要素和生产条件的"新组合"引入生产体系。这种新组合包括五种情况：（1）采用一种新产品或一种产品的新特征；（2）采用一种新的生产方法；（3）开辟一个新市场；（4）掠取或控制原材料或半制成品的一种新的供应来源；（5）实现任何一种工业的新的组织。因此，创新不是一个技术概念，而是一个经济概念；创新不仅包括产品创新、技术创新，还包括市场创新、资源配置创新和组织创新。

熊彼特的创新概念与创新思想独树一帜，令人耳目一新，因而也使创新本身引起人们的重视，这是熊彼特的最大贡献。创新管理概念由此形成。

2. 创新管理概念的发展和完善阶段

熊彼特之后涉及创新管理的人士和学派，主要是以科斯教授为首的新制度经济学派。科斯于 1937 年发表了一篇被认为是新制度经济学奠基之作的论文——《论企业的性质》，在这篇论文中，科斯回答了他一直迷惑不解的问题：企业的起源或纵向一体化的原因。科斯提出"交易费用"概念，认为市场交易是有成本的，这一成本就叫作交易费用，企业的生产和存在是为了节约市场交易费用，即用费用较低的企业内交易代替费用较高的市场交易。企业规模大小则取决于企业内交易的边际费用等于市场交易的边际费用或等于其他企业内部交易的边际费用的那一点上；而相邻生产阶段或相邻产业之间是订立长期合同还是实行纵向一体化，则取决于两种形式的交易费用孰高孰低。交易费用揭示了企业与市场机制之间存在替代关系，为我们提供了观察组织产生、发展及创新的新视角，而这恰恰是传统经济学与传统管理学所不具备的视野。

科斯教授的追随者威廉姆森（O. Williamson）进一步发展了科斯的思想与观点，提出企业或公司的形成与发展是追求节约交易费用的组织创新结果。在威廉姆森的理论中，通过组织创新可以节约交易费用，而组织创新的原动力又在于追求交易费用的节约。因此，他认为组织创新的方向和原则有三条：（1）资产专用性原则。组织中资产专用性程度越高，组织取代市场所节约的交易费用越大。（2）外部性内在化原则。外部性越强，交易费用越高，因此组织创新的方向与原则之一应将外部性尽量内部化，从而使外部性降低，节约交易费用。（3）等级分解原则。在组织创新过程中，组织结构及相应的决策权力和责任应进行分解，并落实到每个便于操作的组织基层单位，有助于防范"道德风险"，进一步节约交易费用和组织运作成本。由此可见，新制度经济学派虽然未直接论述创新管理问题，但他们在回答企业组织的产生与发展原因时提出的组织创新概念本身已涉及了创新管理这一命题。

小艾尔弗雷德·钱德勒（Alfred D. Chandler, Jr）在其《看得见的手——美国企业的管理革命》一书中阐述了创新管理的概念。他指出，随着资本密集型工业的出现，企业为了节约交易成本出现了纵向一体化的大型企业。大公司是把大量生产过程和分配过程集中于一个单个公司内部而形成的。大公司出现之后，管理的复杂程度提高，从而推动了经理阶层职业化和管理方式科层制，而这是人类历史上最伟大的一次创新管理。

二、创新管理的特点与学习意义

1. 创新管理的特点

创新管理以组织结构和体制上的创新确保了整个组织采用新技术、新设备、新物质、新方法成为可能。创新管理具有以下特点：

（1）创新管理的紧迫性。由于企业宏观生存环境和市场竞争环境的变化比以往更快，范围更广泛，因而对企业管理创新活动的要求也就更加紧迫，不变革就死亡已是企业的广泛共识。德鲁克指出："我们无法驾驭变革，我们只能走在变革之前。"如果企业在创新经营上没有空前的紧迫感，就只能永远跟在别人后边跑，直至被淘汰出局。

（2）创新管理的决定性作用。在知识经济时代，人的智慧资本和企业的无形资产在产品与服务中的比重越来越大，诸如互联网经济、娱乐经济、眼球经济、色彩经济等新型经济形式已经越来越受到人们的关注和重视，知识经济在一个国家国民经济中的比重也越来越大。在市场竞争中，只有不断创新的企业和附加值高的产品才能在竞争中取胜。如果说以往创新决定着一个企业是否比别人跑得更快，那么今天创新则决定着一个企业的生死存亡。

(3) 创新管理的广泛性。过去的创新主要集中体现在技术创新和产品创新领域，而在今天，企业的创新几乎涵盖企业的一切经营管理活动，尤其是在商业模式、营销活动、企业组织、运营流程、企业文化等方面，都是传统的创新活动几乎没有关注到的领域，而这些领域的创新又恰恰是当今企业价值创新系统中最为关键的薄弱环节。现在很多企业苦于没有足够的资金和人员，以支持对新产品和新技术的开发创新；而另一些取得非凡成功和超常规发展的企业，仅靠改变一下模式、改进一个流程、改进一点服务，甚至改变一种想法，就可以在竞争中取胜。

(4) 创新管理的不确定性。改革开放以来，我们努力学习国外的先进管理经验，当我们现在感觉刚刚明白了一些道理、掌握了一些规律的时候，大师们又毫无预警地告诉我们，现在又进入了一个什么都说不准的"不确定性时代"。那些预测事物发展变化的方法有可能会在今天变得无效，就连过去信奉多年的顾客市场细分方法也受到了前所未有的挑战：只关注顾客群体的需求是不对的，更大的商机也许就潜藏在人数更多的"非顾客群体"的需求之中。可见，经营环境和市场的不确定性，对企业的管理创新活动提出了更高的要求：一方面，企业需要突破传统的思维方式，积极拓展开放式经营，大胆进行破坏性创新；另一方面，企业需要加强对管理创新活动的风险评估和管理，尽可能减少意外的风险和损失。这对企业来说，无疑是一道高难度的智力题，考验着每一个企业家的创新灵感和经营智慧。

2. 学习创新管理的重要意义

著名管理学家德鲁克曾说过，现代企业最重要的职能只有两个：一个是创新；另一个就是营销。对企业而言，创新管理是其自身生存发展的需要。经济全球化是当今世界经济发展的特征，各国经济通过商贸往来相互联系、相互依存、相互融合。现代资源、技术、信息、人才和商品在全球范围内流动，企业竞争日趋激烈。市场经济的法则是优胜劣汰。企业在竞争中要想占据优势地位，不断创新、提升管理水平是其唯一的选择。

学习创新管理，有助于增强企业市场竞争力。企业研究和运用创新管理原理，了解企业所处阶段，分析市场环境，制定和实施有效的创新管理策略，将有助于企业的经营管理和运行机制更加规范合理，实现人、财、物等资源的有效配置，保证和促进其自身的生存和发展。

三、创新管理理论的主要内容

1. 创新管理理论的内容结构

创新管理是指企业在其现有资源的基础上，发挥人的积极性和创造性，通过一种新的或更经济的方式来整合企业的资源。创新管理的内容主要包括制度创新、组织创新、管理创新、技术创新、市场创新等，基本框架如图 9-2 所示。

2. 制度创新

制度创新包括制度创新与变迁、企业产权制度重构等内容。制度创新与变迁包括制度创新的动因与一般过程、制度变迁的路径绩效与种类等内容。其中，制度创新的推动因素包括国家偏好、市场规模、生产技术、意识形态。

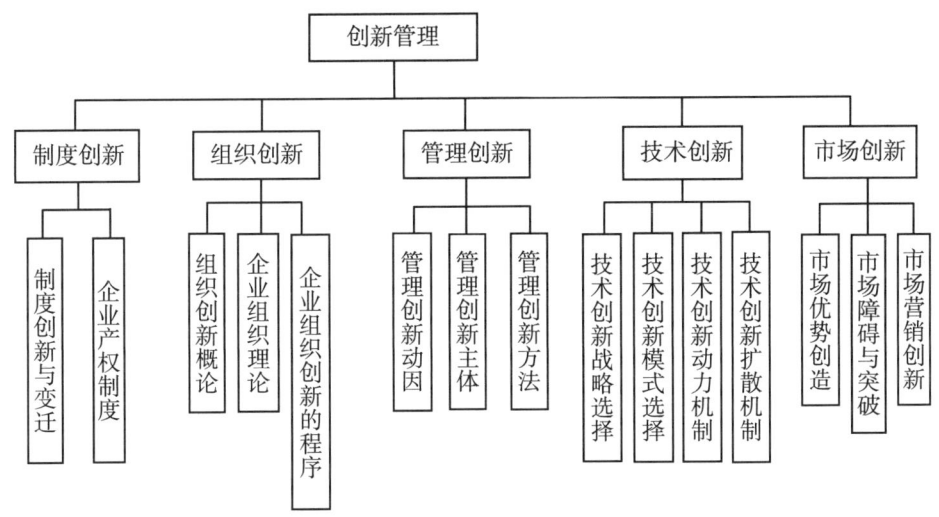

图 9-2 创新管理的基本框架

企业产权制度重构是一种制度性的产权关系调整，尤其是对国有企业来说，其产权关系须向现代企业产权制度转变。国有企业产权制度调整要从两方面入手：第一，通过产权重构，实现政资分离，解决产权不明的问题；第二，通过建立现代公司管理结构，实现政企分开，解决法人财产权的所属问题。这两方面目标的实现依赖以产权革命为核心的企业制度创新。产权革命的目的是要实现企业产权关系及产权责任明晰化、人格化、市场化、法律化，并通过法人治理结构予以有效运作。现代企业制度创新的运作机制主要包括两点：一是现代企业制度创新中利益关系的调整；二是制度创新中利益主体间的博弈。

3. 组织创新

组织创新是指对实现企业目标的各种要素和人们在工作过程中的相互关系进行组合配置，产生有助于创新活动的组织结构。现代创新型企业必须从根本上改革企业的组织结构，使之成为面向顾客的流程化组织形式，更快、更有效率地将创新孵化成可制造、有商业价值的产品。

组织创新是一个系统过程，实践表明：成功的组织创新需要遵循科学的创新程序。组织创新可以按以下程序进行：认识变革的力量及需要；明辨问题；确定组织创新的内容；认识限制条件；确定解决问题的方法；实施变革计划；检查变革结果，进行反馈；找出以后改进的途径。然后再按上述步骤循环进行，每次循环都要有所改进和提高，以便组织不断地得到完善。

4. 管理创新

管理创新是指用新的、更有效的方式方法来整合组织资源，以期更有效率地实现组织的目标与责任。管理创新包括管理创新的动因、管理创新的主体、管理创新的方法等。

管理创新的动因是指管理创新主体的内在动力，是创新行为发生和持续的主要原因。创新主体的创新动机并不是单一的，而是多元的，这既与创新主体的价值取向有关，也与企业的文化背景有关。一般而言，管理创新动机包括：创新心理需求、成就感、经济性动机、责任心。管理创新的主体包括企业家、管理者、企业员工。管理创新的方法是通过探讨影响创新的环境因素来帮助管理者激发创新，一般包括组织结构、文化和人力资源三类要素。

5. 技术创新

技术创新是指新的技术在生产等领域里的成功应用，包括对现有技术要素进行重新组合而形成新的生产能力的活动。技术创新是一个全过程的概念，既包括新发明、新创造的研究和形成过程，也包括新发明的应用和实施过程，还应包括新技术的商品化、产业化的扩散过程，也就是新技术成果商业化的全过程。技术创新包括技术创新的战略选择、技术创新的模式选择、技术创新的动力机制、技术创新的扩散机制等内容。

技术创新的战略类型大致具有两种分类方式：一是按照企业在所在产业技术创新中的地位划分；二是按照企业技术创新的源泉划分。按照企业在所在产业技术创新中的地位划分，现代企业可以选择三种类型的技术创新战略类型：主导型、跟随型、模仿型。按照企业技术创新的源泉划分，企业的技术创新战略也可以分为三类：独立研究开发型、技术引进型、引进与创新相结合型。

技术创新模式包括率先创新与模仿创新两种。率先创新是指一个企业领先于其他企业首次将某项科学发明成果市场化，并获得相应的经济利益；模仿创新则是指企业学习率先创新企业的成果和经营行为，并在此基础上加以不同程度的改进与创造，向市场提供相应的产品，并获取收益的创新活动。

技术创新动力来源有三种模式：一是技术推进模式。按照这一模式，技术创新是由技术发展的推动作用而产生的，科学技术上的重大突破是技术创新的原动力，是驱使技术创新活动得以产生和开展的根本动因。二是市场需求拉引模式。这一模式强调了研究分析市场机会对于企业的重要性。通常因市场需求而导致的技术创新大多都是产品创新和工艺创新，创新周期较短。相对技术推进模式而言，企业对市场需求的变化反应更为敏感，因为市场需求为企业提供的创新目标更为明确一些。三是技术推进和市场需求拉引的综合作用模式。这种模式认为，现代技术创新是一个复杂的过程，不可能明确界定某一个因素是创新活动唯一的或最基本的决定因素。

技术创新扩散是指技术创新通过一定渠道在潜在使用者之间的传播采用过程。技术创新的扩散效益包括：技术扩散是延长产品生命周期的有效途径；技术扩散也是企业分散风险的有效途径；技术扩散还有助于形成"创新、转让、再创新"的良性循环。

6. 市场创新

市场创新是指企业从微观角度促进市场产生的变动和市场机制的创造，以及伴随新产品的开发对新市场开拓、占领，从而满足新需求的行为。市场创新包括市场优势创造、市场障碍与突破、市场营销创新等内容。

市场优势能为企业带来良好的发展，要在动态条件下保持市场优势需要做到以下两点：一是适应外部条件的变化，保持创业者精神；二是强化企业内部系统，防止被模仿。

市场障碍是指阻碍市场有序运行的问题、矛盾和摩擦。市场障碍包括时间上的障碍、空间上的障碍、生产能力的障碍，以及竞争不断升级的障碍。当企业市场存在障碍时，要想办法突破这些障碍。突破障碍的途径包括从整体营销中突破障碍、针对竞争对手克服市场障碍，以及为他人树立难以突破的障碍。

市场营销创新是指根据市场营销环境的变化情况，并结合企业自身的资源条件和经营实力，寻求营销要素在某一方面或某一系列的突破或变革的过程。在这个过程中，并非要求一定要有创造发明，只要能够适应环境，赢得消费者的心理且不触犯法律、法规和通行惯例，同时能被企业所接受，那么这种市场营销创新就是成功的。

本章小结

企业战略管理是确定企业使命，根据企业外部环境和内部经营要素确定企业目标，保证目标的正确落实并使企业使命最终得以实现的一个动态过程。

战略管理的主要内容包括战略识别、战略分析、战略制定与选择、战略实施与评价。

创新管理是指企业在其现有资源的基础上，发挥人的积极性和创造性，通过一种新的或更经济的方式来整合企业的资源。

创新管理具有紧迫性、起决定性作用、广泛性，以及不确定性等特点。

创新管理课程的内容包括制度创新、组织创新、管理创新、技术创新、市场创新等内容。

重要术语

战略管理　　战略实施　　创新管理　　制度创新　　组织创新　　管理创新
技术创新　　市场创新

第十章

公司治理与经济决策

【学习目标】

通过本章的学习,了解公司治理学和经济决策课程在工商管理专业培养计划中的作用,掌握公司治理学课程的主要架构体系,了解经济决策课程的学习要求和内容。

【引导案例】

国美电器控制权之争

国美电器(港交所:0493)是我国一家大规模连锁型家电销售企业,成立于1987年1月1日。其2009年财报显示,营业收入426.68亿元,净利润14.09亿元,门店数为726家,可谓是业内的领军企业。然而,国美作为家电连锁的龙头,却在2010年由于领导层的混乱局面而陷入大股东与董事会的领导权之争,成为中国公司发展史上的标志性事件。

2008年底至2009年初,国美电器的创始人及董事会主席黄光裕因经济犯罪被调查,时任国美总裁的陈晓被推至前台,开始有了实权。黄光裕被羁押之后,多次给国美管理层发出指令,要求国美采取有利于其个人控制权和减轻其罪责判罚的措施。这些举动为之后双方的决裂埋下了隐患。2009年6月,陈晓和贝恩资本签订融资协议,协议部分条款包括要求董事会拥有三名非执行董事、绑定管理团队陈晓、王俊洲、魏秋立。黄光裕对此十分不满,认为此项决议侵犯了其知情权并且是陈晓的私心作祟。双方多次解释不成,矛盾进一步激化。

2010年8月4日,黄光裕一封要求召开股东大会罢免陈晓等职位的函件,正式拉开国美控制权之争的大幕。黄光裕独资拥有的Shinning Crown向国美电器发函要求召开股东大会并撤销陈晓、孙一丁的职务。时隔一日,国美董事局就驳回了黄光裕这一要求,并且向香港特别行政区高等法院提起诉讼,控告黄光裕在2008年1月至2月前后的违规行为。事情发展至此,"黄陈"两人已正式决裂,再无挽回余地。

2010年9月28日,国美特别股东大会在香港铜锣湾富豪香港酒店举行,国美大股东黄光裕方罢免陈晓董事会主席动议未获通过,黄光裕胞妹黄燕虹及私人律师邹晓春未能当选执行董事,陈晓将继续掌舵国美。

资料来源:根据网络公开资料编写。

第一节 公司治理

一、公司治理的产生和发展

1. 企业制度演进与公司治理问题的产生

公司治理是国内外理论界和实务界共同关注的问题。公司治理这一概念于 20 世纪 30 年代，由阿道夫·A. 伯利和加德纳·C. 米恩斯（Adolf A. Berle & Gardiner C. Means）在《现代公司与私有产权》一书中首次提出。

这一时期，企业制度已经完成了由古典到现代的转变，公司制企业在业主制企业、合伙制企业的基础上发展而来，成为一种全新的企业制度形式。公司制企业的发展对自由竞争的经济发展，尤其是市场效率的提升具有非常积极的意义。它在很大程度上克服了业主制企业、合伙制企业在经济和发展上的局限性，使企业的创办者和企业家们在资本的供给上摆脱了对个人财富、银行和金融机构的依赖，成为现代经济生活中主要的企业存在形式。随着公司制企业的发展，现代公司呈现出规模越来越大、股东越来越多、股权越来越分散的特点，特别是出现了所有权与控制权的分离。

在业主制或合伙制这样的传统企业制度下，企业的所有权与控制权是合一的，因此不会产生所有者与经营者的利益分歧。而所有权与控制权的分离将直接带来两个利益主体之间的分割，从而产生公司行为目标的冲突，形成两种权利、两种利益之间的竞争。较早认识到这一问题的是亚当·斯密，但对这一问题进行较为充分论证的是伯利和米恩斯，他们通过对 200 家美国大公司进行实证研究，于 1933 年出版了《现代公司与私有产权》一书，指出到 20 世纪 20 年代末，经营者控制股份企业的财产经营已经成为一个普遍的事实，股份公司的发展已经实现了"所有权与控制权的分离"（the separation between ownership and control）。第二次世界大战以后，主要资本主义国家的大公司股权进一步分散化，使更多的大公司需要由专职的经理人员来负责经营，拥有专业管理知识并垄断了专业经营信息的经理人员实际上掌握了对企业的控制权。

2. 公司治理学的形成阶段

20 世纪 50 年代，经理人员的高薪与公司绩效增长相对缓慢之间的矛盾引发了人们的普遍不满，随后大量公司的董事与经理人员卷入股东诉讼赔偿案中。60 年代以来，公司所有权与控制权的分离日趋严重。以美国为例，一些公司的首席执行官（CEO）同时兼任董事长，受聘于公司所有者的经理人员反过来最终控制公司的现象越来越多，由此导致的公司经营偏离企业利润最大化目标所造成的各种弊端逐渐引起了人们的关注。在 70 年代中后期至 80 年代早期，美国开始了有关公司治理问题的讨论。这一背景下，学者们对于公司治理问题的观察和关注，主要就是围绕着如何控制和监督经理人员的行为，以保护股东的利益这一主题。

进入 20 世纪 80 年代，在并购浪潮席卷美国资本市场的过程中，利益相关者开始受到更多的关注,因为从恶意收购的结果来看,目标公司的股东和其他利益相关者相差很大。对于目标公司的股东而言,他们会从恶意收购中大获其利,相反,其他利益相关者的利益却受到了损害。因为在恶意收购发生以后,收购者往往会对目标公司的董事会和高层管理团队进行重组,造成目标公司的董事会成员和高层管理人员职位不保;同时,收购者还会对目标公司进行大量裁员,造成大量员工失业。除此以外,如果收购者关闭了目标公司相关的工厂、结束了相关的业务,那么不仅会对目标公司内部的管理层、员工造成影响,还会对目标公司所在地的居民、债权人、政府等外部利益相关者造成损失。因此,如何保护除股东以外的利益相关者的利益就成为了这一时期公司治理学者和实务界人士关注的问题。应该说,公司治理理论发展到这一阶段,对于公司到底是谁的这一问题,也出现了更为深刻的认识,即公司不仅仅是股东出资形成法人财产而形成的,更是所有利益相关者投入了各自的专用性资产而形成的。

我国公司治理的研究是伴随着国有企业改革和证券市场兴起而开始的。始于1978年的国有企业改革,在经过扩大企业经营自主权、利改税、承包经营责任制和转换企业经营机制改革后,到20世纪90年代中期,企业经营管理人员尤其是经理人员获取了过大的而且是不受约束和控制的权力,导致了严重的经理人腐败问题。许多学者认为,出现这种现象的原因主要是我国的公司治理结构尚不完善,而且企业内部缺乏对经营管理者有效的制衡机制。基于这样的背景,中国公司治理领域的研究,是从治理企业经营管理者腐败的视角开始的。

1993年11月,党的十四届三中全会通过了《关于建立社会主义市场经济体制若干问题的决定》,指出国有企业改革的方向是建立产权清晰、权责明确、政企分开、管理科学的现代企业制度,于是国有企业开始了公司制改革的探索,希望以此为契机来带动现代企业制度的建立和健全。基于此,国内学者们开展了更为广泛的公司治理研究,主要围绕着国有企业进行公司制改革以后,如何实现股东大会、董事会、监事会和经理层的权力分配和有效制衡来展开。随着理论研究的不断深入,面对日益丰富和复杂化的企业治理实践,如何控制上市公司控股股东的道德风险、如何对家族企业进行有效的治理等问题,逐渐成为我国公司治理研究中的热点问题。

3. 公司治理的新发展

随着科学技术的进步和社会经济的发展,组织也在不断演进,面对新的组织形式,治理的内涵和外延也在不断深化和扩展,出现了网络治理、绿色治理等新的概念和研究领域。

(1)网络治理。现代企业理论的权威代表罗纳德·科斯(Ronald Coase)在其著作《企业的本质》中指出,企业与市场是经济系统运行的两极。进入21世纪,随着技术的快速发展,企业间跨边界的技术经济合作日益频繁,协作经营成为经济实践的主流,组织间的竞争已经逐渐被竞合所取代,虚拟企业、战略联盟、企业集群、供应链等新的组织模式占据了主导地位。由于组织治理任务所依赖的路径较之以前的单个组织发生了改变,因此治理形式也随之变化,网络型合作组织的治理逐渐成为理论界与实务界共同关注的焦点。

网络组织的研究实际上就是对企业与企业间的关系进行研究，即关系治理研究。对网络治理及其模式的研究与应用，不仅有助于指导企业间网络、联盟网络、虚拟组织等新型组织的有效运作，而且能够提高企业加入联盟与网络的积极性，有效推动网络组织的发展，这对于在全球化、信息化、网络化环境下的企业组织提高核心竞争能力、实现"多赢"具有重要的现实意义。

（2）绿色治理。企业社会责任是企业在追求利润目标之上，应当承担的促进社会长期发展的责任。随着认知革命、农业革命和工业革命的先后出现，人类逐渐形成以自我为中心的主人心态。但近几十年来，随着环境问题的不断凸显，人们开始重新思考、认识人类在自然界中的地位，以及经济社会发展与环境之间的关系。

绿色治理是以建设生态文明、实现绿色可持续发展为目标，治理主体参与、治理手段实施和治理机制协同的"公共事务性活动"。治理主体包括形式、结构和成员各不相同的企业、政府、社会组织以及公众。绿色治理秉承"多元化治理"的秩序观，从系统观和全球观的角度出发，识别治理系统中各主体的关联性，综合考虑各方利益和诉求，建立多元治理主体协同的治理机制。

二、公司治理的特点与学习意义

1. 公司治理的特点

公司治理，从广义角度理解，是研究企业权力安排的一门科学；从狭义角度理解，是通过公司内部的治理结构和外部的机制来监督和控制经理人员的行为，以保护股东及所有利益相关者的利益。公司治理学具有以下特点。

（1）科学性和艺术性。公司治理学作为管理学科领域下的一门独立学科，同样既具有科学性又具有艺术性。公司治理学首先具有科学性的特征。公司治理学的整套理论体系是基于公司的经营和实践活动，是对公司实践活动的归纳和总结，而且已经经过了时间和实践的检验，是一个合乎逻辑的、能够反映公司治理客观规律的知识体系。公司的治理行为是可以利用已有的理论和知识进行指导和解释的，是有章可循的，而不是盲目的，因此具有科学性的特征。公司治理学还是一门艺术。公司治理学的艺术性是指公司在发展过程中，面对无法用现有理论来解释和指导的新的治理问题时，就需要依靠公司经营者的直觉和判断，这样的直觉和判断所体现的正是公司治理的艺术性。

公司治理的科学性和艺术性相互联系。治理的艺术性是治理的科学性的来源之一，治理的科学性是对基于治理的艺术性所形成的治理的感性认识的明确化、条理化、规律化。

（2）技术性。对于公司而言，只有治理理论是不够的。在现实中，每个行业和公司内部环境和外部环境都各有不同，使科学的治理理论在每个行业和公司中的应用都各不相同，因此必须要有能够把治理理论付诸实践的治理方法、治理技巧和治理手段。公司治理学的技术性是指把已经科学化的治理理论知识具体化。公司治理学的技术性是治理的科学理论应用于公司治理实践的一个不可或缺的必要环节。没有治理的科学性，治理的技术性是无从谈起的；没有治理的技术性，治理的科学性就无从谈起。

（3）文化性。任何一种公司治理理论都是在一定的文化背景下形成的。起源于美国的公司治理理论，是在美国的社会文化背景下形成的，是对美国社会文化的折射和反映。同样，在考虑中国的公司治理问题时，也必须要考虑中国的情境。因此，当我们探索一种公司治理理论时，必须和当时的社会文化背景结合起来；当我们学习借鉴国外先进的公司治理经验时，也要考虑到文化的差异，把国外的先进理论和经验与中国的社会文化结合起来。

2. 学习公司治理学的重要意义

自 1911 年泰勒出版了其代表作《科学管理原理》以来，围绕着管理的基本理论，逐步形成了财务管理、战略管理、生产管理、营销管理、人力资源管理等专业的管理学科。公司治理作为近年来形成的新兴学科，在管理学科领域中处于什么样的位置，是一个需要明确的问题。

我们可以从公司治理学与其他专业管理学的区别来入手，明确公司治理学在管理学领域中的地位。简单来说，公司治理学与其他专业管理学的主要区别主要表现在：（1）公司治理学是战略导向的，关注的问题是"公司向何处去"；其他专业管理学更多是任务导向型的，关注的问题是"公司如何能够到那里"。（2）公司治理学侧重的是对公司的决策与经营管理进行监督与控制；而其他专业管理学则侧重于具体的业务经营管理。（3）公司治理学的主要作用在于保证公司决策的科学化和具体管理的正当性与有效性；而其他专业管理学的作用体现在如何使专业经营管理更有效率和效力。

三、公司治理的主要内容

1. 公司治理学的内容结构

所谓公司治理是指通过一套正式或者非正式、内部或者外部的制度或机制来协调公司与所有利益相关者之间的利益关系，以保证公司决策的科学化，从而最终维护公司各方面利益的一种制度安排。

在这一制度安排中，股东及其他利益相关者借助于公司的内部治理结构和外部治理机制来共同参与公司治理，公司治理的目标不仅仅局限于股东利益的最大化，还需要确保公司决策的科学化，从而保证包括股东在内的所有利益相关者的利益最大化。因此，公司治理的核心和目的是保证公司决策的科学化，而利益相关者之间的相互制衡仅仅是确保公司决策科学化的方式和途径。

公司治理的主要内容主要包括理论基础、内部治理、外部治理、治理模式与评价等几个方面，如图 10-1 所示。

2. 公司治理的理论基础

在公司治理理论的产生和发展过程中，许多理论对其产生了深远的影响，主要包括古典管家理论、委托代理理论、现代管家理论、利益相关者理论等。

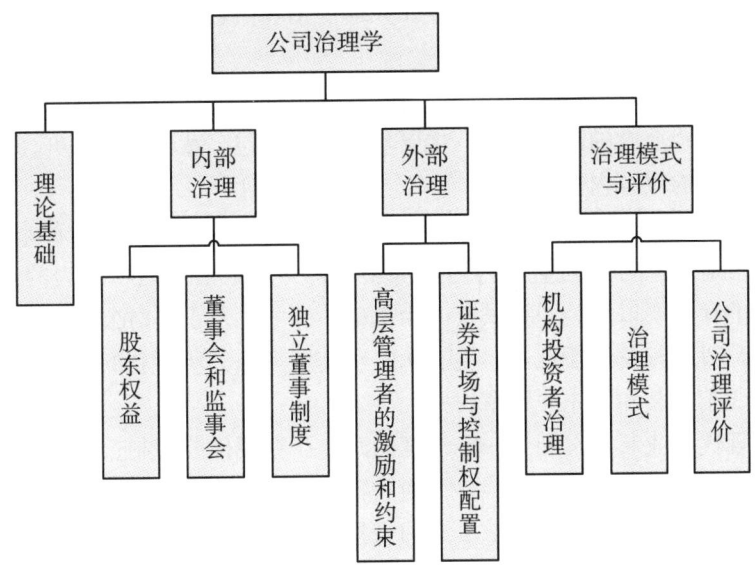

图 10-1 公司治理的结构框架

资料来源：李维安，《公司治理学》，高等教育出版社 2016 年版，作者调整绘制。

（1）古典管家理论。在这种理论下，企业被看作是具有完全理性的经济人，并认为所有者和经营者之间是一种无私的信托关系。主要观点有：其一，在完全信息的假设下，经营者没有可能违背委托人的意愿去管理企业，因此不存在代理问题；其二，在完全信息的假设下，公司治理模式不再重要；其三，基于完全信息假设下的管理理论对于研究现代公司治理不具有任何意义。因为在完全竞争和完全信息的市场条件下，不存在委托者与经营者之间的利益冲突，公司治理表现为股东至上。

（2）委托代理理论。信息经济学是 20 世纪 60 年代以来经济学的一个重要研究领域，其对古典经济学的根本性突破表现在放弃对完全信息和无私性的假设。由此对新古典经济学产生了质疑：完全信息的假设背离了客观现实。在现代股份制企业所有权与经营权分离的情况下，股东并不直接经营企业，而是将资产的经营权授权给经营者，股东和经营者之间就形成了一种委托代理关系。但是，由于人的自私性，经营者作为代理人具有机会主义倾向，他们可能会以股东权益为代价谋求自身利益的最大化，即出现了委托代理关系中的机会主义行为或者道德风险问题。因此，建立一套完善的公司治理结构来规范委托代理关系各方的行为，并对经营者的机会主义行为进行控制，使其决策符合委托人的利益是非常必要的。

（3）现代管家理论。基于完全信息假设下的古典管家理论显然不符合客观事实，不完全信息的存在使该理论无法解释现代企业中存在的两职分离与合一的现象。代理理论对经营者内在机会主义和偷懒的假定是不合适的，而且经营者对自身尊严、信仰以及内在工作满足的追求会促使他们努力经营公司，成为好的管家。

（4）利益相关者理论。上述三种理论都把利益相关者的利益排除在外。现代公司治理理论下的利益相关者理论除考虑委托人和代理人之间的关系外，还考虑了雇员、供应商、债权人等利益相关者。

国内外关于公司治理的研究主要以委托代理理论和信息不对称理论作为公司治理结构的理论基础。

3. 内部治理

内部治理是指企业内的制度安排，主要包括股东权益、董事会和监事会、独立董事和高层管理的激励和约束等内容。

从法律的角度来讲，所谓权益就是当事人依法享有的权力和利益，表示当事人由于付出某种代价，可对关系自身利益的行为施加影响，并且依法从该项行为的结果中取得利益。股东权益的存在要以向公司提供资产为基础，即股东基于其对公司投资的那部分财产而享有的权益。股东权益与债权人权益有所差别，股东因其所持有的股份不同而不同，具体分为普通股股东权益和优先股股东权益。

董事会是现代企业制度发展到一定程度的产物。在现代公司制企业中，由于股东人数众多，受管理成本的制约，只能每年举行为数不多的几次股东大会，而无法对公司的日常经营做出决策，因此公司需要一个常设机构来执行股东大会的决议，并代表股东来选聘、监督和解聘经理人员。从各国公司治理结构的形式来看，大致分为两种：单层制和双层制。其中，单层制的结构中只设董事会而不设监事会，执行职能与监督职能合一；而双层制的结构中既设董事会又设监事会，执行职能和监督职能分开。董事会和监事会的设置和运行对公司治理效率具有直接的影响。

独立董事制度是现代公司制度的衍生物。所谓独立董事，是指不在公司担任除董事外的其他职务，并与所受聘的公司及其主要股东不存在可能妨碍其进行独立客观判断的关系的董事。引入独立董事的根本意义就在于，通过独立董事对公司重大决策过程的参与，监督经理人员，促进科学决策，从而最大限度地保护投资者的利益，增加公司价值。独立性和决策参与是独立董事制度的两大基石。

高层管理者的激励和约束机制也是公司治理制度的核心内容之一。由于公司治理中的代理成本与道德风险问题仅依靠监督与制衡不可能解决，因此需要设计有效的激励机制。激励机制从本质上来看，是关于所有者与高层管理者如何分享经营成果的一种契约。约束机制则是公司的利益相关者针对高层管理者的经营结果、行为或决策所进行的一系列客观而及时的审核、监察与督导行为。

4. 外部治理

外部治理是由市场力量推动而做出的制度安排，主要包括证券市场与控制权配置、机构投资者治理等内容。

在公司治理体系中，证券市场在外部治理中占有十分重要的地位。在证券市场中进行控制权配置又是公司外部治理的重要方式之一，对于公司技术进步、产品结构调整、竞争能力提高以及生产要素的优化组合具有重要的意义，具体来说，包括兼并收购和资产剥离两种形式。在证券市场中，政府也是重要的治理参与者，政府通过相关机构的监管和法律监管，对证券市场和上市公司进行监管，强制性信息披露制度就是最重要的制度之一。

在资本市场中，对投资者按照资金的多寡来进行划分，可以分为机构投资者和个人投资者。相对于个人投资者，机构投资者资产规模巨大，持股量多，其监督成本投入以后能够带来较为丰厚的监督收益，因此，机构投资者相对于个人投资者更愿意通过"用手投票"的方式来参与公司的经营管理，监督经理人员，这在很大程度上有助于提高上市公司的治理水平。

5. 治理模式与评价

治理模式与评价主要是从宏观的角度，对现有的比较典型的治理模式及评价方式进行介绍。

由于各国经济制度、历史传统、市场环境、法律观念及其他条件的不同，公司的治理模式，即制度安排形式也不尽相同。目前，比较典型的公司治理模式有三种：外部控制主导型模式、内部控制主导型模式、家族控制主导型模式。

评价是人们对某个特定客体的判断，是主观对客观的认知活动。公司治理评价实质上就是一种企业制度及运作效果的评价。公司治理评价对于缓解投资者的信息不对称程度、提升证券监管部门的监管效率、完善资本市场、提高上市公司竞争力水平具有重要的作用。

➡ 第二节 经济决策

一、经济决策的产生和发展

决策学（science of decision making）是以决策为研究对象的综合性学科，主要研究决策原理、决策程序和决策方法，探索如何做出正确决策的规律。

进入 20 世纪三四十年代，社会活动日益复杂、多变，决策科学化的问题逐渐突出起来。第二次世界大战后，随着现代生产和科学技术的高度分化与高度综合，企业的规模越来越大，特别是跨国公司不断发展，这种企业不仅经济规模庞大，而且管理十分复杂。同时，这些大企业的经营活动范围超越了国界，所处的外部环境变化很大，面临着更加动荡不安和难以预料的政治、经济、文化和社会环境。在这种情况下，对企业整体的活动进行统一管理就显得格外重要了。

随着自然科学、社会科学研究的不断发展，尤其是 20 世纪 50 年代以后电子计算机和现代通信技术的迅速普及，决策科学所需要的知识和手段日趋成熟。美国管理学家赫伯特·西蒙（Herbert Simon）在 1947 年出版的《管理行为——管理组织决策过程的研究》是决策理论方面最早的专著。他在该书中指出，理性的和经济的标准都无法确切地说明管理的决策过程，进而提出"有限理性"标准和"满意度"原则。影响决策者进行决策的不仅有经济因素，还有其个人的行为表现，如态度、情感、经验和动机等。决策者在决策过程中的行为并非完全理性的，只是部分理性的，或者是有限理性的。

西蒙在此之后继续研究决策理论和实际决策技术（包括运筹学、计算机学），为决策学成为新的管理学科奠定了基础。除了西蒙的有限理性模式，林德布洛姆的渐进决策模式也对完全理性模式提出了挑战。林德布洛姆认为，决策过程应是一个渐进的过程，而不应大起大落，否则会危及社会稳定，给组织带来组织结构、心理倾向和习惯等的震荡和资金困难，也使决策者不可能了解和思考全部方案并弄清每种方案的结果。这说明，决策不能只遵循一种固定的程序，而应根据组织内外环境的变化进行适时地调整和补充。

近年来，社会学及心理学开始影响决策科学。如行为决策论探讨决策者寻求次优行为的方法；社会判断论开始强调人的判断对决策的影响，认为不同性质的环境会造成决策者判断上的失实等；归属决策论强调决策者在环境变量的作用下会受偶然因素的影响。同时，管理决策理论应用范围不断扩大，如将决策方法应用于管理有效性的分析；把决策理论引入突发性危机的研究；把决策理论应用于政策分析领域，以研究导致政策失误的原因和场合。

二、决策学的特点及学习的意义

1. 决策学的特点

（1）高速化。社会、经济和科技的迅猛发展和迅速变化对决策提出了高速化的要求，时间的价值在现代决策中表现得极为突出和明显。

（2）准确化。现代决策必须做到准确，这主要指决策信息要有质（概念、性质）的准确和量（范围、幅度）的准确。

（3）相关化。现代决策面临交织多变的事物，往往"牵一发而动全身"，尤其是高层决策更是如此。所以，现代决策必须全面考虑各种相关因素。

（4）网络化。决策系统的结构将一改传统的直线式和"金字塔形"，而趋向纵横交叉的短阵网络和立体网络，在横向联系中从多维空间取得信息，从而获得生命力。

（5）两极化。现代决策活动趋向于把大量规范性决策向下转移，由中下层决策者和计算机来完成；高层决策者主要承担起战略性的和随机非程序化决策，将精力转移到保证和提高决策的可行性和有效性上来。

2. 学习决策学的意义

决策学是人类、社会、国家、团体、个人不可缺少的、时刻都需要的知识和科学。决策学是一门新兴的、横跨自然科学与社会科学的"大学科"。人类每时每刻都在进行不同范围、不同对象、不同角度、不同性质、不同需要的决策。

（1）决策学作为自然科学和管理科学的结合，大到国家、社会，小到个人都离不开决策，迫切需要科学的决策理论和决策方法，为人类社会服务。人类的决策活动尽管有悠久的历史，决策活动的历史上尽管出现过不少决策技艺高超的人物，但决策学作为一门学科，还是最近几十年的事。对于决策者来说，面对瞬息万变的现代环境，为了提高决策系统的准确性，必须做到科学决策。

（2）决策学是从哲学、方法学、谋略学及当代智囊演变而来。决策，作为人类智慧的结晶和思维活动，是多层次、多性质、多样式的，是"治国、立身、团体发展的根本大计"，是"审时、料敌、造势、用谋之根本，始计之大法"。决策学首先是要带有指导性、原则性、方向性，所以它能帮助人提高思想理论水平，在考虑和处理问题时不犯大错误。其次，在决策指导下，制定出一系列具体的方法、措施，更好地解决问题。审时，作为一个合格的决策家，必须首先懂得时势和大局才不会犯方向性、时代性错误。料敌，决策家"知己知彼，百战不殆"，不了解对手的情况就不能也无从决策。造势，即创造一种不利于对手而利于自己的态势、环境。虑谋，具备了上述前提条件，周到地思考战胜对手的具体的谋略方法和措施。所以，人们必须掌握决策的方法，即决策科学才会成为优秀的决策家。

三、经济决策的内容

1. 经济决策的内容结构

在现代管理科学中，对于决策有两种理解：一种是狭义的理解，认为决策就是做出决定，即从不同的备选方案中选出最佳方案；另一种则是广义的理解，把决策看作一个分析过程，即人们为了实现某一特定目标，在占有一定信息和经验的基础上，根据主客观条件的可能性，提出各种可行方案，采用一定的科学方法和手段，进行比较、分析和评价，按照决策标准，从中筛选出最满意的方案，并根据方案实施的反馈情况对方案进行修整控制，直至目标实现的整个系统过程。

我们在学习经济决策的过程中，也是将其看作政府、企业以及个人在确定行动决策或方案以及选择实施这些决策或方案的有效方法时所进行的一系列活动。鉴于决策的广泛应用及人类活动的复杂多样性，为了便于研究和掌握决策的特点和规律性，在具体的学习中我们将根据不同的决策类型来分别介绍，课程框架如图 10-2 所示。

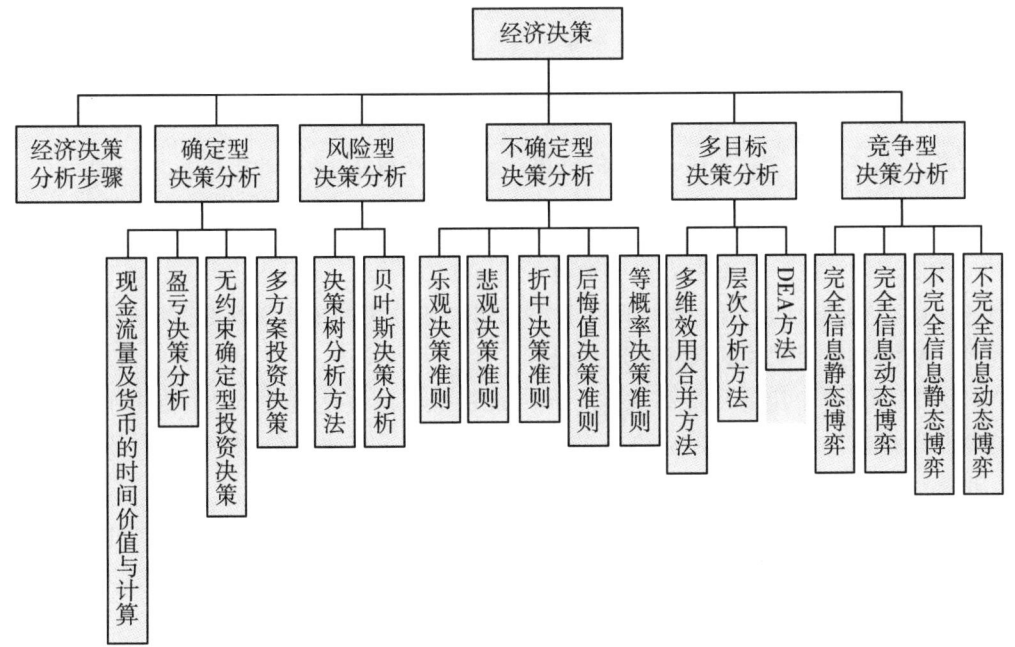

图 10-2 经济决策的课程框架

资料来源：郭立夫，《决策理论与方法》（第二版），高等教育出版社 2017 年版，作者整理绘制。

2. 决策的分析步骤

决策分析是一个系统的过程，由科学的决策步骤组成，这一整体被称为科学的决策过程。科学的决策步骤反映了决策分析过程的客观规律，使决策过程更加结构化、系统化和合理化。一般来说，合理、科学的决策过程必须包括以下五个步骤：发现与分析问题；确定决策目标；拟订各种可行的备选方案；分析、比较各种备选方案，从中选出最优方案；决策的执行、反馈与调整等（见图10-3）。

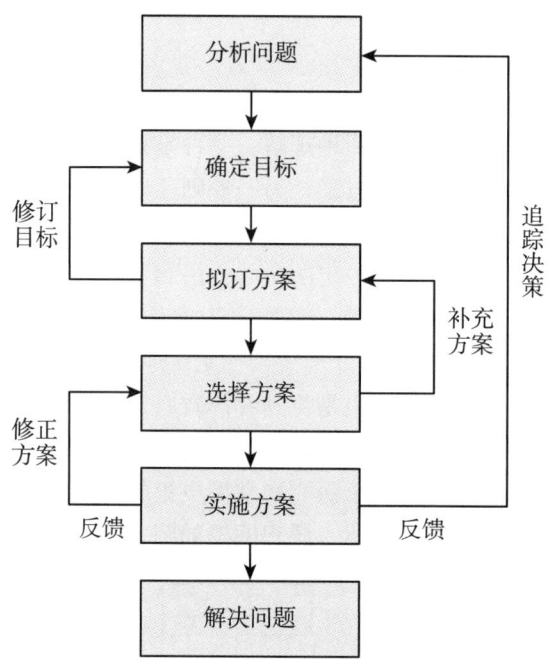

图 10-3　决策分析过程的基本步骤

资料来源：郭立夫，《决策理论与方法》（第二版），高等教育出版社2017年版，第8页。

（1）问题的存在是决策分析的前提，所有的决策分析都是为了解决特定的问题而进行的。在发现问题以后，首先需要准确地对问题加以界定，而后根据既有的相关问题，找出其中可能存在的原因，并根据实际掌握的或进一步收集的事实资料对假设的可能原因进行验证，从而为发现问题的真相奠定基础。

（2）目标是在一定的环境和条件下，决策系统所期望达到的状态，是拟订方案、评估方案和选择方案的基准，贯穿决策过程的每个环节，在决策分析中具有十分重要的作用，也是衡量问题是否得以解决的指示器。

（3）拟订方案是寻找解决问题、实现目标的方法和途径。作为决策者而言，需要在客观条件及自身条件的约束下，根据决策目标及收集整理的相关信息，尽可能地拟订出多个可行的备选方案。

（4）选择方案是决策分析中最为关键的一个步骤。只有对各种方案进行科学而严谨的分析与评估，方案的选择才具有科学性。在分析和评价备选方案的过程中，需要依据一定的标准来对备选方案进行排序，进而从几个较为满意的方案中选择一个最佳方案。因此，评价标准在这一环节中就显得尤其关键，目前主要有"最优"标准、"满意"标准和

"合理"标准可供选择。由于主客观条件的限制,西蒙教授提出的"满意"标准相对于其他两种标准更符合实际情况,是一种较为现实的决策标准。

(5) 选定了方案并不意味着决策过程的结束,理论的可行与否还是需要实践来进行检验。要保证方案最终可行,必须将方案付诸实施。在实施方案的过程中,需要实时对这一过程进行追踪控制,针对实施过程中出现的新情况、新问题,以及当初在确定目标、拟定决策方案、选择方案中未曾考虑的因素加以调整和修订,从而提高决策分析的科学性,增强决策方案的实用价值,更好地指导人们的行动。

3. 确定型决策分析

确定型决策是指只有一种完全确定的自然状态的决策。在确定型决策中,自然状态只有一种,决策环境完全确定,问题的未来发展只有一种确定的结果,决策者只要通过分析、比较各个方案的结果就能选出最优方案。

运筹学是辅助决策的重要工具之一,线性规划、非线性规划、动态规划、图与网络等方法都是进行确定型决策分析中常用的方法。具体的确定型决策问题一般涉及的就是现金流量及货币的时间价值与计算、盈亏决策分析、无约束确定型投资决策、多方案投资决策等。

4. 风险型决策分析

风险型决策也称随机型决策,是决策者根据几种不同的自然状态可能发生的概率所进行的决策。风险型决策分析是在状态概率已知的条件下进行的,一旦各自然状态的概率经过预测或估算被确定下来了,在此基础上的决策分析所得到的最满意方案就具有一定的稳定性。只要状态概率的测算切合实际,风险决策就是一种比较可靠的决策方法。

若状态概率已知且较为确定,决策树分析法是较为常用的方法,借助于若干节点和分支构成的树状图形,可以形象地将各种可供选择的方案、可能出现的状态和概率,以及各方案在不同状态下的条件结果值简明地绘制在一张图表上来进行计算和比较。

若状态概率不明确,需要通过调查来对先验状态信息进行补充和修正,那么贝叶斯决策方法就较为适合。从理论上来看,利用补充信息来修正先验概率,可以大大提高决策的准确度,从而提高决策的科学性和经济效益。

无论是利用决策树分析法还是贝叶斯决策方法,都是通过计算期望值损益来进行决策,而忽略了决策者的主观作用。而事实上,风险决策都带有较强的主观色彩,因此,通过引入效用值来考察决策者对于风险的态度,分析不同风险承受能力的决策人面对相同问题做出不同决策的原因,更具有现实意义。

5. 不确定型决策分析

不确定型决策,就是在决策的过程中,只知道可能出现的各种自然状态,而无法确定各种自然状态发生的概率。在不确定型决策问题中,由于行动后果随状态不同而异,而状态发生的概率又不为决策者所知悉,为什么一个方案优于另一个方案就成为十分值得研究的问题。

对于不确定型决策,其决策的准则包括乐观决策准则、悲观决策准则、折中决策准则、后悔值决策准则和等概率决策准则等。在进行非确定型决策时,决策者的主要意志、胆识、经验、判断能力等素质占据了重要的地位,对同一个不确定型决策问题,不同的决策者依据不同的决策准则会得到不同的决策结果。对于这些不同的决策结果，没有一个统一的标准来评判到底哪个好、哪个不好。因此，在不确定型决策中，对于决策者的要求就显得更高了。

6. 多目标决策分析

无论是确定型决策、风险型决策，还是不确定型决策，都属于单目标决策，而我们在日常生活中所遇到的决策问题，往往都更加复杂，需要同时满足多个目标，这些目标之间有的相互联系、有的相互冲突，十分复杂。

在单目标决策中，决策准则一般都较为简单，我们需要做的就是选择一个合理的决策准则，然后进行比较和优选。对于多目标决策，合理地选择和构建准则体系同样十分关键。根据不同的情况，通常有单层次、序列型多层次、非序列型多层次三大类目标准则体系。具体主要有多维效应合并方法、层次分析方法和 DEA 方法等。

7. 竞争型决策分析

无论是单目标决策还是多目标决策，其决策现象基本上都是决策者面对市场做出自己的最优选择。但在现实生活中，很多情况下，决策者在做出选择的时候，不仅要考虑决策中不同选择的自然状态，还需要考虑对手的选择，例如，经济领域不同的公司要在同一个市场中争夺市场份额。对于这类竞争型决策，需要利用博弈论的方法来分析。

博弈论是研究理性的决策者之间的冲突与合作的理论，它不仅仅局限于站在某个决策方的立场上去针对其他方的决策，而是从广义的角度分析在决策过程中决策主体之间相互制约、相互作用的规律，用以指导各决策方的合理决策。

在博弈论中，可以依据博弈参与人的行动顺序和掌握的信息来分类，综合起来可以得到四种类型的博弈，即完全信息静态博弈、完全信息动态博弈、不完全信息静态博弈、不完全信息动态博弈。这四类综合博弈都属于非合作性质的博弈，即无法通过强制执行的合作协议将多个博弈方策略转化为单一利益主体的决策，需要应用博弈分析来找到最优策略。

本章小结

公司治理经历了三个发展阶段：产生阶段、形成阶段和新发展。

公司治理，从广义角度理解，是研究企业权力安排的一门科学；从狭义角度理解，是通过公司内部的治理结构和外部的机制来监督和控制经理人员的行为，以保护股东及所有利益相关者的利益。

公司治理主要包括理论基础、内部治理结构（包括股东权益、董事会和监事会、独立董事制度、高管的激励和约束）、外部治理机制（证券市场与控制权配置、机构投资者治理等）和治理模式与评价。

决策学（science of decision making）是以决策为研究对象的综合性学科，主要研究决策原理、决策程序和决策方法，探索如何做出正确决策的规律。

经济决策主要包括确定型决策分析、风险型决策分析、不确定型决策分析、多目标决策分析、竞争型决策分析等。

重要术语

  公司治理 内部治理结构 外部治理机制 公司治理模式 公司治理评价
  经济决策 确定型决策分析 风险型决策分析 不确定型决策分析
  多目标决策分析 竞争型决策分析

第十一章

工商管理专业的实践学习

【学习目标】

通过本章的学习,了解工商管理专业的各项实践学习活动,包括课堂实践、第二课堂和社会实践,根据自身情况将理论学习与实践锻炼结合起来,学以致用,提高学习效果。

【引导案例】

"一乐票务" 创业项目

"挑战杯"是由共青团中央、中国科协、教育部和全国学联共同主办的全国性的大学生课外学术实践竞赛。其中,"挑战杯"创业计划竞赛借用风险投资的运作模式,要求参赛者组成优势互补的竞赛小组,提出一项具有市场前景的技术、产品或者服务,并围绕这一技术、产品或服务,以获得风险投资为目的,完成一份完整、具体、深入的创业计划。

在第八届"挑战杯"中国大学生创业计划竞赛决赛中,中央财经大学2010级学生杨宝通团队参赛的"一乐票务"项目备受瞩目。一乐票务以代理销售演唱会门票起家。2012年4月,杨宝通与他的创业团队开始自主研发一乐电子票分销系统,实现技术转型。一乐为商家提供电子票解决方案和高效规范的分销体系,为分销商提供便捷的一站式电子票采购通道。2012年第一季度销售额达到67万元。一乐票务项目是以北京市"挑战杯"大学生创业计划竞赛金奖的成绩晋级本次全国总决赛,该项目在参赛项目作品展及推介会上获得投资观摩团的广泛关注。最终,中央财经大学2010级学生杨宝通、韩向元以及带队老师陈妮娜组成的参赛团队凭借一乐票务项目脱颖而出,斩获银奖。

2012年5月,一乐票务凭借电子票系统的项目方案以250万元的估值获得15万元种子投资。8月,一乐电子票系统正式投入应用,并取得国家版权局软件著作权认证。系统上线半年,销售额就已突破百万元级别,知名客户有美团网、糯米网、拉手网等,一乐票务已经发展成为国内O2O行业领先的休闲娱乐电子票渠道供应商。

"挑战杯"竞赛已经成为促进优秀青年人才脱颖而出的创新摇篮,70%的学生获奖后继续攻读更高层次的学历,近30%的学生出国深造。另外,"挑战杯"竞赛成为引导高校学生推动现代化建设的重要渠道。成果展示、技术转让、科技创业,让"挑战杯"竞赛从象牙塔走向社会,推动了高校科技成果向现实生产力的转化,为经济社会发展做出了积极贡献。

资料来源:根据网络公开资料编写。

第一节 课堂实践

工商管理学科是一门实践性很强的应用型学科，理论与实务紧密相连。作为工商管理专业的本科生，应掌握管理学与经济学的相关理论，了解企业管理策略和决策技术方法，具有较强的分析和解决问题的能力、自主学习能力以及团队精神、创新精神等。为了使学生获得这些知识和能力，目前的专业教学主要包括理论教学和实践教学两个部分。理论教学是以获得间接经验为主要目的，主要形式是课堂讲授，教师通过口头语言向学生描绘情境、叙述事实、解释概念、论证原理和阐明规律。课堂讲授不是知识的简单传递和注入，而是由教师的理解转化为学生理解的过程。教师的讲授能使深奥、抽象的课本知识变成具体形象、浅显通俗的内容，从而排除学生对知识的神秘感和畏难情绪，使学习真正成为可能和轻松的事情。采取课堂讲授法向学生传递知识，避免了认识过程中许多不必要的曲折和困难，这比学生自己去搜索知识少走不少弯路。所以，课堂讲授在知识传授过程中有无法取代的简捷和高效的优点。

与理论教学相对应的是实践教学，旨在获得直接经验或将间接经验转化为直接经验。工商管理专业的学生通过实践教学可以进行多种技能、不同岗位的互动训练，使学生在灵活运用理论知识的能力、分析和解决问题的能力、实际动手的能力以及团队精神、创业精神、创新能力等方面，得到全方位、多角度、深层次的培养和锻炼。实践教学是理论教学的深化，是本科生顺利过渡到社会的桥梁。

目前工商管理专业的实践教学主要包括课堂实践、第二课堂、社会实践三种类型。课堂实践是指采取课程形式开展的实践教学活动，包括在各类专业理论课程教学中的实践环节，以及单独开设的实验课程。课堂实践主要有案例分析、调查访谈、专题演讲、团队练习、软件模拟等形式。

一、案例分析

案例分析是工商管理专业课程中常用的实践教学形式。它通过向学生提供素材，模拟或重现企业经营管理中的一些真实场景，在教师的引导下，通过学生的独立思考和师生间的互动交流，让学生分析、比较和讨论管理者所面临的现实管理问题，总结成功或失败的管理经验，提出解决问题的措施和方案。

案例教学是一种开放式、互动式的教学方式。管理类案例通常是为了达成明确的教学目的，基于一定的事实而编写的故事。它反映了现实企业中已经发生或正在发生的事例，可以把抽象的概念、原理具体化，为学习提供一定的情境。管理案例容易引发学生的兴趣，拓宽其视野，使学生愿意投入到课程学习中来，提高学习的主动性和自觉性。学生可以从典型案例中感悟管理理念，理解管理活动规律，从案例思考中激发学习兴趣，培养思辨能力，以及分析问题、解决问题的能力。

案例教学一般要结合一定理论，通过各种信息、知识、经验、观点的碰撞来达到启示理论和启迪思维的目的。通常，教师会在专业课程教学大纲中设计案例分析环节，以配合相应的理论教学，选取特定的案例并指导学生提前阅读，组织引导学生开展讨论或争论，形成互动与交流。从学生的角度来看，要做好案例分析，就必须积极参与，在阅读分析案例和课堂讨论中发挥主体作用。学会收集各方面的资料和信息，学会对已有的资料作多方面的分析，在寻找答案的过程中能够深入了解所学到的理论知识，培养和形成创造性思维，提高自身能力。同时，通过某门专业课程的案例分析，学生还可以对企业中的实际管理工作情境有所了解，依据专业课程所学的理论知识，对实际管理工作中出现的问题进行研究分析，做出决策、评价或提出解决问题的方法。

二、专题调查

专题调查是指学生在教师的指导下，针对某个现象或问题，经过具体、深入的调查，收集被调查对象的各种资料，进行系统整理、分析、比较，以得出结论的学习活动。学生需要通过亲身实践获取直接经验，以类似科学研究的方式主动地获取并应用知识来解决问题。专题调查适用于管理类专业中不同的教学科目和教学目标，主要有访谈、问卷、观察、二手资料调查等多种形式。

管理类课程中的专题调查环节可以达到两个基本目标：一是学生通过主动探究式的学习，对通过调查访谈获得的知识会有更深入的了解，将课堂讲授获取的理论和知识应用于解决实际问题，有助于相关专业课程的学习。二是学生可以通过实地练习学习到调查访谈的技术，增长社会经验，提高调查能力，为今后的学年论文写作、企业实习、毕业求职等打下基础。专题调查是一种研究性学习活动，学生运用课余时间进行调查、分析等活动，最大限度地搜集各类资料并灵活地运用资料，这种探索性的学习方式可以培养训练学生的创新能力并树立创新意识。

专题调查一般包括调查准备、调查组织、资料分析、撰写报告和交流评价五个阶段。调查准备是由教师根据教学内容设计调查主题，向学生提出任务，说明要求。调查主题一般具有较强的情境性，这样能够提高学生的主动性和积极性。调查组织一般由学生分组自行完成，各小组要事先做好调查计划，提高调查工作质量。资料分析是对调查资料进行整理和总结，从中可以锻炼资料收集、材料分类取舍、统计方法应用、团队沟通合作等实践技能。撰写调查报告能综合地应用所学知识，培养学生的逻辑思维、分析、书面表达能力。最后，调查报告需要通过交流展示来予以评价，一方面可以锻炼学生的沟通能力；另一方面也可以帮助学生了解工作成效，总结经验教训，提高技能。

三、演讲展示

演讲展示是将课程内容合理划分为不同专题，让学生选择某个专题，在上课前事先准备演讲内容，且在课堂演讲后就其所发表的观点，与其他同学就演讲内容进行相互讨论的方法。这种方法要求学生结合实践调研过程中发现的现实问题，或某个企业管理案例，以课程所学知识与理论为支撑，进行演讲，申明观点，并阐述其结论。

演讲展示可以从演讲内容、语言表达、仪表风范、时间掌握等几个方面来锻炼学生的口头沟通能力,帮助教师了解学生对学习内容的理解程度;通过演讲展示,可以提高学生的思维、观察和应对能力。这种教学形式尤其适用于未来工作中需要学生掌握专业化知识并融会贯通,向他人传递信息的专业或课程,如管理、市场营销、法律等相关课程。

演讲展示经常与专题报告或案例分析相结合,任课教师事先结合教学大纲要求,将专题演讲安排到具体的教学日历中,明确每组演讲的具体时间与内容,并留给每组学生充分的课余时间去认真查阅相关资料,做好充分的课前准备。专题演讲可以作为学生平时成绩的组成部分,而且可以占有较大的比重,从而鼓励学生将精力放在平时学习中,而不是期末考试突击复习。评分可以从演讲内容、语言表达、仪表风范、时间掌控、整体效果、创新性六个方面来评判,示例见表11-1。

表 11-1 专题演讲的评分标准

序号	考核指标	考核内容	成绩比例(%)
1	演讲内容	切合主题,能结合实际,观点鲜明,层次清晰,详略得当。要有个人特点、缜密的思维及逻辑性	40
2	语言表达	能脱稿演讲、表达流畅、生动,普通话标准,吐字清晰,语速控制合理,语调富有变化,饱含感情	30
3	仪表风范	仪表端庄,台风自然,形体动作合理协调、大方得体	10
4	时间掌控	规定时间为10分钟,每超过规定时间10秒扣掉1分	5
5	整体效果	演讲过程的整体效果良好,没有明显的念稿、"冷场"或重复等现象	5
6	创新性	演讲思路有创意,有新的可采纳的想法,即兴演讲有特点、有新意	10
		合　计	100

在课堂演讲与点评阶段,每个小组的演讲时间控制在10~15分钟,应借助PPT或实物材料等增强演讲效果。其他同学可以针对所提观点提出问题,由演讲小组给予解释。在每组讲解完之后,首先由教师进行讲评,并针对优点和不足提出建议;其次,学生可以自由发言,向作报告的小组提出问题等;最后,教师在此基础上对该组汇报的内容进行评分。为了使评分更规范化,可以由教师和学生共同评分,或者赋予不同分数权重,或者采用去掉最高分和最低分等形式。

四、团队学习

团队学习是让学生组成小组,采用合作学习方式进行的课堂实践环节。案例分析、专题调查、演讲展示、软件模拟等活动均可以采取团队学习的形式。每个团队的人数视班级规模而定,一般由4~6人构成,实施自我管理,并形成各团队的制度和文化。团队学习以发展学生的自主学习和知识建构能力为主要目的,能够改变教师单一授课的传统模式,适应管理类课程实践性较强的特点。

团队学习包括团队成员面对面互动、个人责任、合作技能、信息沟通、相互依赖以及实践反思在内的一系列活动。通过团队学习，可以培养工商管理专业所必要的一系列能力：首先，异质性团队的组建就需要团队成员既要有清晰的自我认知、合作精神和主体意识，又能够多角度、多维度地看待问题；其次，团队共同承担某项具体的学习任务，需要处理任务分配中的激励、人际和沟通等问题，本身就是对团队管理技能的训练；最后，团队学习通过共享学习资源，取长补短，优化学习过程，提高学习效率，可以充分培养和锻炼学生的自我管理和团队管理能力。

在针对团队学习形式的考核中，团队运行绩效是一项重要的考核指标。教师除了考察团队作业最终的完成质量，还要通过课堂上即时的团队练习，直接观察各团队的组织情况与运转效率，是否每个人都在积极参与，特别要防止出现搭便车的现象。

五、软件模拟

教学模拟软件是运用计算机软件和网络技术，模拟真实企业的各类运营管理过程。学生可以在虚拟商业社会中完成企业从设想、规划、注册、创建、运营、管理等所有决策，体验完整的企业经营过程。随着计算机信息技术的发展，教学模拟软件在管理类专业课程中使用较为普遍，单独设立的实验课程大多会使用某些综合性的教学模拟软件来辅助教学，使学生通过模拟体验式教学活动，实地体验商业竞争的激烈。

模拟软件构建了仿真的企业环境，学生以电脑游戏的方式扮演不同的角色，对企业经营的各个环节进行模拟。这种实训实践课程为学生提供了可供体验和观测的环境，帮助学生认识和理解现实商业社会的运作规律，可以有效地将所学知识转化为实际动手能力。另外，模拟软件往往涉及多门课程，因此，学生需要整合知识，融会贯通，将所学的理论应用于企业经营实践中，并且直接看到自己决策的结果，在模拟企业经营体验中完成从知识到技能的转化，达到提升综合素质，激发创新创业意识的目的。

模拟经营将学生分为多个团队，每个团队经营一个拥有一定资产，面临一定市场需求的企业，在仿真的竞争市场环境中，运用战略、运营、营销、人力资源和财务管理等管理专业相关知识经营该企业，一般要连续模拟若干年度的经营活动。团队成员分别扮演总经理、生产经理、营销经理、财务经理等不同的管理角色，根据市场环境的变化和运营规则的设定，制定企业的发展战略，并努力实现企业的经营目标。在运营管理中，管理团队将与其他企业展开激烈的市场竞争，为了取得良好的绩效并实现企业经营目标，需要团队的每位成员通力配合，精诚合作，共同制定有效的经营决策，包括企业战略、品牌规划、产品设计、市场营销、人力资源、生产制造、财务管理等各个方面的内容。

➜ 第二节 第二课堂

第二课堂是针对第一课堂而言的。第一课堂是依据教学计划和教学大纲，在规定的教学时间里进行的课堂教学活动；而第二课堂是指在课堂教学之外的时间，引导和组织学生开展的各种有意义的课外教育活动，旨在扩大知识领域、开阔视野、培养独立工作和创造能力。大学校园的第二课堂活动内容广泛、形式多样，包括政治性、学术性、公益性、文化性、娱乐性的活动等。各类活动有不同的目标导向，如学术性活动可以树立创新意识、培养创新能力；政治性活动可以坚定理想信念、树立正确的价值观；公益性活动可以增加社会责任感、认识了解社会；文化性活动可以提升文化素养、增强文化底蕴；娱乐性活动可以起到放松身心、凝聚士气的作用。其中，学术类活动常常以项目形式开展，与课堂教学联系密切，可以全面提高学生的综合素质，为未来就业与升学打下良好基础。在大学校园中有多种形式的学术类第二课堂活动，可以分为科研学术与创新创业两大类。

一、科研学术类实践活动

1. 大学生科研训练计划

大学生科研训练（student research training program，SRT）是针对在校本科生开展的科学研究训练项目。最早可以追溯到20世纪60年代的美国，麻省理工学院在1969年最先设立了"本科生研究机会项目"（undergraduate research opportunities program），即给本科生一个参与科学研究训练的机会。在国内，清华大学首先借鉴这一计划，于1996年开始实施SRT计划。这一计划的主要形式是在教师指导下，以学生为主体开展课外科学研究活动，参加对象主要为本科生。与课堂教学相比，SRT计划项目中涉及的知识领域更广泛。在这个过程中能充分发挥学生的独立工作能力和能动性，培养学生独立思考和敢于怀疑的批判精神。学生能做到"以我为主"，进行调查研究、查阅文献、分析论证、制订方案、设计或实验、分析总结等方面的独立的科研能力训练。指导教师则发挥其导师作用，通过与学生的交流合作，将教学和科研有机融合起来，促进教学相长，因材施教。

SRT计划要求申报的主体为以本科生为主组成的小型研究团队，一般包括3~5名本科生、1名指导老师以及1名研究生助研。考虑到相应的知识储备与完成项目所需要的时间，申报SRT项目的学生应为二、三年级的本科生，对科学研究有着浓厚兴趣，且具有全程参加项目所需的时间和精力；指导教师应治学严谨，有主持科研项目的经历，且对学生的培养工作一贯热心和认真；助研研究生具备一定的研究能力，热心于本科生科研辅助工作。学生可以通过双向选择确定指导教师及团队成员，组建研究团队。

SRT通常采用科研项目式的管理办法，分为申报、立项、中期检查、结题等环节。项目申报具有特定的时间期限，在有限的时间内，研究团队需要确定研究题目，填写SRT项目申请书。好的项目选题是成功申报的基础，本科生缺乏专业知识积累，再加上项目申报有时间限制，多数本科生虽有参与愿望，但苦于找不到合适的研究主题，而被拒于SRT计划之外。要避免出现这种情况，需要有意愿参加的学生多观察、多思考，提前准备。

一般来说，SRT的选题主要有以下两个重要来源：一是由学生自主确定的课题。自主选题可以培养学生的独立工作能力和自主创新意识，是值得鼓励的选题形式。但这种形式对学生的要求相应较高，学生应有相应的知识储备，加入相关社团，积极参与学术交流，如通过讲座、经验交流会、网上讨论区等获取多方面的信息，通过交流碰撞出思想的火花。如果学生要自主选题，一定注意提前与指导教师联系，请其对选题的科学性和可操作性进行把关，否则可能会造成选题不当，申报失利。另一个重要的选题来源是由指导教师从所从事的科研项目中，经细化或转化形成学生能够完成的研究课题。这种形式的选题质量有所保障，但容易造成本科生对选题缺乏兴趣和完成能力，不利于其主动参与和思考。本科生可以提前加入指导教师所领导的科研团队，从科研助手做起，充分了解研究主题和意义，同时可以借助团队中已有的人才梯队进行传、帮、带，积累科研经验，之后再担任项目负责人会有较好的效果。

学校组织评审专家对上报的 SRT 项目申请书进行审查，选择论证充分有据、切实可行、经费预算合理，且研究团队有能力按计划完成任务的项目予以立项，给予经费支持。研究课题原则上在 1 年内完成，如有特殊情况可延期至 2 年。中间会安排中期检查，目的在于及时了解项目执行进展情况，发现和解决项目实施中的问题，对项目能否完成预定任务目标做出判断。最后，项目研究结项时需要取得实质性研究成果，研究成果可采用调研报告、论文、软件、设计、硬件研制、专利等形式，鼓励学生利用研究成果公开发表论文或申请专利等。

2. 大学生学术研讨会

学术研讨会是学术界进行学术交流的重要形式，由具有同样研究兴趣的团体举办，成立会议组委会，向相关领域研究者征集学术论文，通过审核筛选出达到要求的论文进行交流，以达到分享观点、发布成果的目的。大学生学术研讨会是借鉴学术会议的形式，通过征集论文、评定奖项、成果展示等形式，来达到提升学校学术氛围，进一步培养大学生学术研究和实践能力的目的。

大学生参加研讨会的载体是学术论文。一般来说，一篇论文会经历提出问题、收集阅读文献、形成假设、开展研究、写作修改等几个阶段。实践中，这些阶段可能存在反复，如提出问题后，通过收集相关文献可能发现问题需要进一步精炼或修改；开展研究中遇到困难，可能需要重新阅读文献，修改相关研究假设等。这决定了学术论文写作是一个较为长期的过程，很难一蹴而就，学生要具备严肃认真的态度和精益求精的精神，做好面对困难的心理准备。

大学生学术论文的选题与 SRT 项目相似，可以来自学生自主选题或指导教师的科研课题，学生在寒暑假期间进行的社会调查或企业实习经历也是很好的论文选题素材。工商管理专业的选题往往强调"问题导向"，大学生可以通过关注时政财经新闻、社会调查或企业实习中观察现实中的各类经济现象、管理问题或统计数据，尝试使用管理理论、调查方法、统计分析等去解释分析现象背后的原因，总结提炼可能的规律，并根据研究结果提出相应的对策建议。针对某个具体问题开展的假期调查或课程调查报告是大学生学术论文的重要选题来源，可以在调查报告的基础上进一步提炼问题，深化研究形成学术论文。

大学生缺乏论文写作经验，一般需要在指导教师的帮助下来完成论文，由指导教师对论文的选题与内容进行严格把关，以保证论文质量。在学术论文的写作过程中，大学生要特别注意树立学术诚信，避免出现学术不端行为。学术不端行为包括捏造数据、篡改数据、剽窃他人成果三种行为，在实地调研中发现，多数大学生对于学术不端的认知和界定不够清晰，仅局限于照抄照搬等比较明显的低级抄袭行为，而对于数据处理中存在的不端行为重视不足。

学术研讨会组委会将对提交学术研讨会的学术论文进行学术不端检测。学术不端检测系统将上传的论文与中国知网等数据库中所收录的期刊文章、报纸文章、本硕博学位论文等库存内容进行比对。全文比对结束后，系统会给出检测结果，即用百分数表示的文字复制比。这一指标可以反映上传的论文与他人成果之间存在文字重合的比例。如果这个指标超过规定的标准，论文可能会存在学术不端或不当引用等问题，需要进行修改。① 通过学术不端检测的论文将由专家进行评审，确定不同的奖项等级，并举办获奖论文交流展示等活动。

论文既是对所学专业知识的综合运用，又是科研能力、创新能力的具体体现，能够为今后的求职、升学等职业发展打下良好的基础。大学生可以将所撰写的学术论文特别是获奖论文进一步修改，以寻求公开发表。公开发表论文需要学生根据自己论文的特点从CNKI数据库中寻找和选择合适的目标期刊，以确保期刊的收稿方向、风格与论文比较接近，以增加投稿的成功率，之后可以按照期刊对格式、内容的具体要求修改论文并投稿。

二、创新创业类实践活动

创新创业类实践活动包括大学生创新创业训练计划项目、挑战杯比赛和各类创业计划大赛等。多年来国内外的创业教育实践证明，创业计划大赛是创业教育的一个重要途径，通过创业计划大赛，学生可获得宝贵的模拟创业经历，学习积累创业知识，培养创业能力、团队精神，锻炼沟通交流和组织管理能力，树立自主创业的自信心，为未来的就业和创业打下扎实的基础。

1. 大学生创新创业训练计划项目

大学生创新创业训练计划项目是"十二五"期间由教育部实施的一项本科教学工程，可以分为校级、省（直辖市）级、国家级三个级别。每年4月左右，各高校自行组织大学生创新创业训练计划项目申报，有意参与的学生可以个人申报，也可以组织团队申报，每个团队不超过6人。申请人需要填写项目申报书，简要介绍项目的目标、已有基础、实施方案以及预期成果等内容，由学校组织专家进行评审，通过校级筛选的项目可以继续参与省级以及国家级的大学生创新创业训练计划项目申报评审。每年9月左右，教育部在其网站上公布入选国家级大学生创新创业训练计划立项项目的名单，并予以相应的经费资助。

大学生创新创业训练计划内容包括创新训练项目、创业训练项目和创业实践项目三类。创新训练项目是本科生个人或团队，在导师指导下，自主完成创新性实验方法的设计、实验条件的准备、实验的实施、数据处理与分析、报告撰写、成果（学术）交流等工作。创新训练项目注重对学生科学思维方式和研究方法的训练，应当具有一定的科学性、创新性和实用性。项目研究可涉及各类学科专业，鼓励不同专业学生组成团队开展研究。

---

① 论文的文字复制比没有统一标准，各高校或杂志社对这一指标的要求从应低于5%~20%不等。

创业训练项目是本科生团队，在导师指导下，团队中每个学生在项目实施过程中扮演一个或多个具体的角色，通过编制商业计划书、开展可行性研究、模拟企业运行、进行一定程度的验证试验，撰写创业报告等工作。创业训练项目倡导学生结合专业学习来开展创业训练，鼓励团队成员根据各自不同的专业背景进行具体分工，分别进行调研分析，完成创业计划的市场调查、财务分析、营销策略、风险评估等不同环节。

创业实践项目是学生团队，在学校导师和企业导师共同指导下，采用前期创新训练项目（或创新性实验）的成果，提出一项具有市场前景的创新性产品或者服务，以此为基础开展创业实践活动。

2. "挑战杯"竞赛项目

"挑战杯"全国大学生系列科技学术竞赛是由共青团中央、中国科协、教育部和全国学联共同主办的全国性的大学生课外学术实践竞赛。首届"挑战杯"全国大学生课外学术科技作品竞赛于1989年由清华大学承办，每两年举办一届，成为大学生参与科技创新活动的重要平台。参与者由最初的19所高校发展到目前的1000多所高校，在大学生群体中的影响力和号召力显著增强。1999年，"挑战杯"增设了中国大学生创业计划竞赛，与原有的"挑战杯"全国大学生课外学术科技作品竞赛形成了两个并列项目，这两个项目的全国竞赛交叉轮流开展，每个项目每两年举办一届。2014年，"挑战杯"中国大学生创业计划竞赛更名为"创青春"全国大学生创业大赛，依然是每两年举办一次。

目前"挑战杯"已形成了国家、省级、高校三级赛制，各高校自行组织为"挑战杯"竞赛做准备的校级竞赛。竞赛仅限举办终审决赛的当年7月1日以前正式注册的全日制高等院校在校的专科生、本科生、硕士研究生和博士研究生参与，可以个人参加（个人作品），也可以组队参加（集体作品）。申报参赛的作品必须是距竞赛终审决赛当年7月1日前两年内完成的学生课外学术科技或社会实践成果。

申报参赛作品分为自然科学类学术论文、哲学社会科学类社会调查报告和学术论文、科技发明制作三类。自然科学类学术论文作者限定在本专科学生。哲学社会科学类社会调查报告和学术论文则限定在哲学、经济、社会、法律、教育、管理6个学科内，其中可包含被采用的为党政领导部门、企事业单位所做的各类发展规划、改革方案和咨询报告。科技发明制作类分为A、B两类：A类指科技含量较高、制作投入较大的作品；B类指投入较少，且为生产技术或社会生活带来便利的小发明、小制作等。组委会聘请专家评定出具有较高学术理论水平、实际应用价值和创新意义的优秀作品，给予奖励，并组织学术交流和科技成果的展览、转让活动。

创业大赛是借用风险投资的实际运作模式，要求参赛者组成优势互补的竞赛小组。参赛作品应该是针对一项发明创造、技术专利或服务的创业（商业）计划。参赛作品具体来源有：参赛小组成员参与的发明创造、专利技术或课外制作；经授权的发明创造或专利技术（此种情况下，参赛小组须向组委会提交具有法律效应的发明创造或专利技术所有人的书面授权许可），引用其产品；或是一项可能研究发现的概念产品或服务。参赛各小组要围绕这一产品或服务，以获得风险投资为目的，完成一份完整、具体、深入的商业计划，一般包括企业概述、业务展望、风险因素、投资回报、退出策略、组织管理、财务预测等方面的内容。商业计划书是目前创业过程中的纲领性文件，它不仅为创业者提供了自我评价的机会，也是创业项目争取获得资源支持的必备材料，因此，撰写规范的商业计划书是创业者的必修课。各类创业大赛也多以计划书来评判创业项目的优劣。

学生在这些实践中，从最初的计划拟订到后期的成果转化，以及作为企业的运营都要考虑市场情况并接受各级评委的考验。这样尽量使学习者置身于创建企业、发展企业这样一个动态过程中，使学生有机会收集真实创业情景的相关资料，获得关于创业各个环节的亲身体验，能够将课堂上的理论运用到现实世界中。

第三节 社会实践

社会实践是指学生利用假期采用多种形式在学校之外开展的实习活动。企业是工商管理专业大学生社会实践的重要场所，其中包括最基础的企业参观，增强了解并开展企业调查，争取机会在核心工作岗位实习等。通过社会实践尤其是校企联合的实习实践活动，有助于形成企业为学生提供实践机会，学校为企业输送人才的双赢局面。

一、专业实习实践

1. 实践教学基地

实践教学基地是学校与企业、行业协会等协商共建的，可接纳学生进行专业实习的企事业单位。根据所处行业不同，企业一般具备行业运营所必需的研发、生产、销售等核心职能，能够与管理类专业核心课程如生产运作管理、市场营销、人力资源管理等无缝对接，为管理专业本科生提供良好的实践条件。作为高校实践教学基地的企业可以为学生提供多项实践活动，如接待学生参观、调查、实习等。

企业参观是组织大学生进行参观、调查，对企业实践进行一般性了解，建立感性认识，对于一年级本科生来说，可以了解企业运行情况以及各个职能管理部门，对专业学习增加感性认识。企业调研是由学生组成课题组对企业中存在的管理问题进行调研，建立抽象的专业知识与社会实践之间的联系，解决实践中存在的问题，为企业提出建设性的方案，适合于二、三年级处于专业课学习阶段的本科生。企业实习是实践教学基地接纳学生在企业真实的环境中顶岗实习，适合于处于求职期的大学四年级本科生，通过实习可以促进学生实践能力的培养，提升就业能力，促成学校工商管理的人才培养与企业的人才招募对接。

学生通过校企共建的实践基地参与社会实践具有可靠、稳定的优点，但目前这一方式存在的主要问题在于实践基地的建设规模较小，质量参差不齐。学校希望寻找经营状况良好、符合专业实习要求、数量适中的企业以建设实践教学基地，但企业往往由于直接面对市场竞争压力、管理类岗位规模有限、担心增加成本等问题，对接收大学生实习实践的态度不积极。面对这种现实，需要从学校和学生两方面来解决：一方面，学校要努力做好实践教学基地建设，积极联系，充分调动社会力量，增大对实践基地建设投入；另一方面，学生也要用好已有资源，积极参与实习实践，同时还可以主动为自己创造实践机会，如积极申请各类社团、非营利组织、知名企业等发起组织的实习实践机会等。

2. 师生课题组

师生课题组是指本科生积极参与到指导教师所发起的，旨在完成其所承担的各类不同级别课题的研究组织中，开展与课题相关的创新实践活动。课题包括纵向课题和横向课题两大类。纵向课题是指由各级政府指定的科研行政单位代表政府立项的课题，如国家自然科学基金、国家社会科学基金等国家级课题，教育部、科技部等部委，以及省部级科技主管部门下达的省部级课题，各省市教委以及其他厅局下达的各类局级项目，高校自设的各类教学科研等校级课题。横向课题则是指地方政府企事业单位委托高校教师完成的各类课题，这类课题往往没有级别之分。

师生课题组以科研课题或为企业服务的横向课题为依托，提供了师生交流、共享、合作、发展的坚实平台。本科生通过加入课题组，可以尽快熟悉本专业学习方向，提升查阅文献的能力，实地参与企业调研；还可以在了解课题组研究内容的基础上申请与课题相关的各类学生科研立项，锻炼自己的科研能力，培养综合素质，也为课题的细化完成提供了基础。课题组管理中常用的例会制度要求学生定期报告文献阅读和研究进展，有效地促进了师生之间的交流，指导教师通过有针对性地对课题研究中出现的问题进行分析和指导，可以帮助学生养成良好的学习、工作习惯，提高其工作能力，为其深造、就业提供良好基础。

二、毕业实习

毕业实习是本科教育的重要环节，是指学生在毕业之前、学完全部课程之后到企业参与一定的实际工作，通过综合运用全部专业知识解决企业实践中的问题，获取独立工作能力，从而得到全面锻炼，进一步掌握专业技术的实践教学形式。毕业实习往往与毕业论文相联系，在实践中获得企业管理问题的相关资料，为毕业论文的撰写做好准备。通过毕业实习，学生可以在现实的工作环境中学习和体会课本理论知识的实际运用，增加实际工作经验，为毕业后的顺利就业增加筹码。如果学生没有参与真正的社会实践，没有真正体会过企业的管理运行过程，往往无法完成有质量的毕业论文。

毕业实习是学生从学校走向社会的过渡性阶段。毕业生在实习前应清晰明了实习的要求和目的，明白实习的重要性和必要性，特别是职场中的人际关系、工作伦理和工作规则，尽快做好角色转换，适应职场环境。学生可以通过积极寻找毕业实习单位，以实习的方式进行试用，让毕业生的实习与就业充分结合，尽快完成从学习到工作状态的过渡和衔接。

大学生参与企业实习时往往有些困惑，面临诸多问题。例如，企业安排的工作岗位不符合实习生自己的兴趣，或与自己的专业不对口；不少企业出于业务保密等因素，不会安排实习生接触专业业务，仅仅将其放在辅助服务的岗位上；企业利用内部网络系统进行事务处理和业务管理，对系统数据的安全性和保密性有一定考虑，不愿意让实习生这类没有经验的人接触系统，实习生无法获得直接参与实际工作的机会；企业中各个岗位的工作人员任务繁重，工作压力大，无法给予实习生切实的指导等。

实习生面对这些情况时，可以从以下几个方面来予以解决：首先，实习生要端正心态。企业给实习生分配任务的时候，大多数情况下是哪里缺人就把实习生分配到哪里，不会过多考虑本人兴趣。实习生应当知道，作为学生到企业实习，其根本任务是了解企业环境和生产服务流程。在这个过程中，从事的工作都是临时性工作，因此对具体工作内容不应过分计较。其次，实习生在工作中应尽量主动，不要总是被动地等待上级分配任务。如果感到不知道应该做什么，或没有工作做，要主动请缨。同时，要保持和上级的积极沟通，让上级了解自己的工作情况。第三，实习生要处理好职场人际关系。遇到问题要大胆地求教，这也是企业实习的重要目的，但要注意应尽量减少指导者的负担。例如，应在自己独立思考以后提问；整理问题后集中时间提问；用电子邮件等非即时方式提问；提问要简短扼要；对指导者的回答表示感谢等。

本章小结

工商管理专业的实践教学主要包括课堂实践、第二课堂、社会实践三种类型。

课堂实践主要有案例分析、调查访谈、专题演讲、团队练习、软件模拟等形式。

第二课堂是指在课堂教学之外的时间，引导和组织学生开展的各种有意义的课外活动，旨在扩大知识领域，开扩视野，培养独立工作和创造能力的教育活动。

学术类第二课堂活动可以分为科研学术与创新创业两大类实践活动。

科研学术类实践活动包括学生科研训练（SRT）计划和大学生学术研讨会等形式。

科研学术类实践活动能充分发挥学生的独立工作能力和能动性，培养学生独立思考和敢于怀疑的批判精神。

创新创业类实践活动包括大学生创业创新训练计划项目、"挑战杯"比赛和各类创业竞赛等。

师生课题组是指本科生积极参与到指导教师所发起的，旨在完成其所承担的各类不同级别课题的研究组织中，开展创新实践活动。

毕业实习是指学生在毕业之前、学完全部课程之后到企业参与一定的实际工作，通过综合运用全部专业知识解决企业实践中的问题，获取独立工作能力，从而得到全面锻炼，进一步掌握专业技术的实践教学形式。

重要术语

| 课堂实践 | 案例分析 | 调查访谈 | 专题演讲 | 团队练习 | 教学模拟软件 |
| 第二课堂 | 社会实践 | 师生课题组 | 毕业实习 | 创业计划书 |

第十二章

工商管理专业的学年论文与毕业论文

【学习目标】

通过本章学习，了解工商管理专业的学年论文与毕业论文在整个培养方案和计划中的重要作用，了解学年论文与毕业论文的写作方法与规范。

【引导案例】

秦奋的毕业论文

2011年，秦奋就读于某大学工商管理专业，是一名三年级的本科生。按照学校的要求，从暑假开始他就要写作学年论文了。虽然指导老师已经向大家介绍了学年论文以及毕业论文的基本框架与结构，可是他仍然感到很迷茫，不知道该从何下手，该如何去写。

一放暑假，秦奋就联系了一家实习单位，希望能够像老师说的那样，在实习的过程中发现一些管理问题，进而开展他的研究。

秦奋联系的实习单位是HN集团天津分公司。HN集团是一家全内资高新技术企业，主要业务涵盖航空维修支持、ATE（自动测试设备）研制及系统集成、飞机加改装、机载设备研制，是国内最大的从事航空部附件维修的航空工程服务企业之一。集团旗下有广州、深圳、上海、天津、北京五家子公司，并设有研发中心和制造中心。客户包括国航、东航、南航和海航等30余家国内航空公司以及美国、法国、加拿大和阿联酋等国的10多家海外航空公司。HN集团以航空电子产品维护为主营业务。集团的高层管理和技术人员大多来自主机厂所和航空重点院校，多年从事机载航空设备维修和检测设备的研制工作。

秦奋被安排到了人力资源部门进行实习。开始他很兴奋，终于可以深入感受一下大公司的管理啦。但是没过多久，他发现了一个问题，那就是公司的人员变动很频繁。这是怎么回事儿呢？秦奋开始思考这个问题。

通过和部门内的老员工聊天，秦奋了解到：2008年底，天津HN航空科技公司的总经理调至上海公司任总经理，其职位由HN集团的财务总监——同时也是集团董事长的亲弟弟担任。这位"空降兵"到任后，首先强化了考勤制度和奖惩管理，并实施严格的财务制度，对于员工反映的薪酬福利、考核晋升等方面的问题却一直视而不见。因此，当时一些对公司心存不满的员工就纷纷离职了，其中有很多人甚至直接流向了天津HN航空科技公司的竞争对手。然而，员工纷纷离职这一现象，并没有引起领导的重视。直到今年，公司人员的频繁流动，特别是技术人员的大量流失，已经影响到部分工作的进度，导致公司与主要客户的合作出现破裂，全年公司营业收入同比下降20.7%，利润率跌至

3.3%，同比下降80%。为了节省成本，公司开始削减支出，比如辞退部分清洁工人、改自助餐为盒饭等，并进一步加强了财务报销审核，并暂时取消了加班费。

秦奋认为这简直就是一个恶性循环，如果再不对这个问题加以重视，可能真的会影响到公司未来的发展，甚至是生存。于是，在和部门领导进行沟通的基础上，秦奋决定将自己的学年论文，乃至毕业论文的选题确定为员工离职问题，在和指导老师沟通时，老师觉得这个问题很有现实意义，但为了使研究更具有针对性，指导老师又建议秦奋将研究对象进一步明确为技术人员，因为对于HN集团这样的公司，技术人员在其发展过程中具有非常重要的作用。于是，在老师的指导，以及部门领导的支持下，秦奋开始了他的研究。

秦奋首先利用公司人力资源部的相关档案信息，了解到最近几年技术员工流失的基本情况和联系方式。为了进一步了解他们离职的真实原因，秦奋设计了一个调查问卷，通过电子邮件的形式发送给部分已经离职的技术人员，从公司的管理体制、薪酬制度、培训制度、竞争机制、企业文化等方面来了解他们当初选择离职的主要原因。随后，秦奋又通过对公司相关运营数据的分析和研究，了解到技术人员流失对公司造成的影响。

在获取了这些宝贵的第一手资料以后，秦奋开始了他学年论文的写作。在老师的指导下，他从介绍公司技术人员流失的现状开始，利用问卷所得到的调查数据，进一步分析了其中的影响因素以及给公司带来的不利后果；最后，结合公司的具体情况，提出了一些对策建议。

对于这个研究结果，部门领导看后都觉得很不错，不仅有第一手的数据资料，而且还结合了理论分析，提出的对策建议也很具有针对性和可操作性。于是，部门领导诚邀秦奋在毕业后继续留在该部门工作，共同推进相关的改革。

与此同时，秦奋在学年论文的基础上，又对自己的研究进行了理论上的提升和完善，形成了最终的毕业论文。该篇毕业论文由于选题具有现实意义、基础调查翔实、分析思路清晰以及语言运用流畅等而获得了优秀毕业论文一等奖。

资料来源：根据相关资料编写。

第一节 学年论文

一、学年论文概述

1. 学年论文的概念

学年论文是各类高等院校在校学生在大学二、三年级开始练习撰写的考查学习成绩和科研能力的论文。它是学生通过一段时间的专业课学习之后，在老师指导下，运用自己掌握的基础理论、基础知识和基本技能，独立地进行科学研究，分析和解决学术问题，了解学术论文写作的步骤和方法，培养和锻炼学术研究能力的一种尝试。

学年论文完成以后，一般由论文指导教师负责审核，并写出评语、评定成绩。学年论文是一种初级形态的学术论文，尽管在广度、深度、难度等方面都只是论文的雏形，但它毕竟属于论文范畴，因而同样具备学术论文的一般特点（即具备科学性、学术性、创造性和规范性等），其作用不容忽视。

教育部在学位条例中规定在本科阶段要撰写学年论文，就是希望本科生通过撰写学年论文，特别是在教师的指导下，结合学科基础课、专业课的学习，基于现实问题进行选题,并开展论文资料的收集、整理和运用,掌握论文写作的程序和基本规范等,获得从事科学研究的初步训练,为进一步进行专业学习、科学研究和实践活动创造条件。

2. 学年论文的基本要求

(1) 学年论文应遵循理论结合实际的原则,反映运用所学的学科基础理论与知识解决实际问题和分析问题的能力。

(2) 学年论文要求达到:主题明确、观点正确、材料翔实、论证有力、层次清楚、文字通顺。每篇学年论文字数一般不少于5000字。

(3) 学年论文工作必须循序渐进,符合基本的程序要求。

学年论文是工商管理专业学生必须完成的,集理论研究、实践探索相结合的环节,是考查学生对专业知识的掌握、理解与运用能力,评估学生知识水平的一个重要手段。通过学年论文,可以培养学生的科研创新能力,锻炼思维组织能力,训练语言运用能力,激活知识的输入与输出。为了规范学年论文的撰写,使学生按时、按质、按量地完成论文的写作,常用的评分标准示例见表12-1。

表12-1　　　　　　　　　　学年论文评分标准

评分标准	优	良	中	及格	不及格
论文选题	论文选题角度新颖,富于创造性,具有较高的理论水平和现实意义	中心论题明确,有一定的理论水平和应用价值	中心论题基本明确,能结合专业理论和社会实践	论文选题与专业基本相关,但理论水平和应用性较差	论文选题无理论和现实意义,与专业无关
文献资料	使用材料翔实、恰当,掌握大量的背景资料和数据	有比较丰富的文献材料和较充足的理论依据	持论有据	理论根据及客观材料有少部分欠缺	缺乏理论根据,客观材料空泛
知识运用	在问题研究中综合运用专业知识以及计算机等各方面的能力强	能运用专业理论以及计算机等各方面能力,有较好的理论基础和专业知识	基础知识和综合能力一般,但能独立完成论文	基础知识和综合能力较差,经过努力可在教师指导下完成论文	缺乏应有的专业基础知识和综合能力,不能独立完成论文
写作水平	理论分析准确,逻辑严密,层次清楚,结构合理,语言流畅	理论分析恰当,条理清楚,层次比较清楚,语言通顺	条理清楚,有一定的分析能力和说服力,有少许语病	材料陈述较为清楚,但分析力不强,个别地方语言不通顺	分析能力差,论证不准确,材料简单堆砌,语言不准确
学术水平	论文有独到的见解,富于新意或对某些问题有较深刻的分析,有较高的学术水平或较大的实用价值	有一定的个人见解和学术性	能从个人角度分析和解决问题	无明显的个人见解	结论观点有错误
格式规范化	论文格式符合要求,打印清晰美观,无错别字	格式基本符合要求,有个别错误,打印清楚	格式基本符合要求,个别地方有问题,打印基本清楚	行文基本规范,但与学校规定的要求有一定的差距	格式不规范、打印不清晰

资料来源:天津财经大学学年论文评分标准。

二、工商管理专业学年论文撰写

1. 学年论文的选题来源

与毕业论文相比,学年论文更注重对现实问题的观察、调查和分析。工商管理专业学生要特别注重理论与实践相结合,同时培养与锻炼自己的实践能力。一般来说,学年论文的选题可以来源于以下三个方面。

(1) 指导教师指定。指导教师结合自身的研究课题,为本科生设计难度适中的论文选题。目前,已经有不少本科生选择在低年级阶段就跟随专业课教师,就其感兴趣的问题进行一些基础性的研究,很多学校还专门设立了"本科生科研训练计划"项目,用于激励学生参与科研训练,提升学术素养。因此,这部分学生在学年论文的选题中,就可以继续相关问题的研究,使研究具有一定的连贯性。

(2) 课程调研案例。在专业课程的学习中,本科生有机会根据课程内容调研相关企业,这类调研密切结合相关课程内容,为本科生提供了鲜活的企业案例,帮助学生观察现实企业,发现问题、分析问题,进而解决问题。部分学校借助于师生课题组等形式来带领学生深入企业,通过实地的调查和分析,灵活地将课程中所学的理论知识加以应用。对于在企业调研中发现的问题,学生可以将之作为学年论文的选题。

(3) 学生实习经历。工商管理本科生在学校除了课堂实践外,还有第二课堂、实习实践等环节。学生通过各类实习和实训,综合利用所学习的理论知识,去发现现实组织中存在的问题。特别是在毕业实习中,通过深入企业参与实际工作,很多学生能够发现其中存在的一些问题,并借助于企业实际的数据资料,进行分析和研究,这也是很好的一个选题方向,而且,通过学年论文和毕业论文的研究,可以使学生对实习所在企业有一个更深入的认识和了解,有助于入职后工作的开展。

2. 学年论文中的数据调查

在工商管理专业学年论文的撰写过程中,要特别重视对于研究对象的调查和分析。目前在本科生学年论文的写作中,最为常用的调查方法包括问卷调查法和访谈法。

问卷调查法是目前国内外社会调查中广泛使用的一种方法。问卷是指为统计和调查所用的、以设问的方式表述问题的表格。问卷法就是研究者用这种控制式的测量对所研究的问题进行度量,从而收集到可靠资料的一种方法。问卷法大多用邮寄、个别分送或集体分发等多种方式发送问卷。由调查者按照表格所问来填写答案。问卷法的主要优点在于标准化和成本低。

访谈法是指通过访问者和受访人面对面的交谈来了解受访人的心理和行为的基本研究方法。因研究问题的性质、目的或对象的不同,访谈法具有不同的形式。根据访谈进程的标准化程度,可将它分为结构型访谈和非结构型访谈。访谈法运用范围广泛,能够简单而迅速地收集多方面的工作分析资料,因而深受人们青睐。

在对调查方法进行选择的过程中,要根据具体的研究问题和内容来进行具体的分析。对于一些关于消费者、用户、员工等方面的研究,大都可以采用问卷调查法,而对于一些关于企业运营状况、发展战略等的研究,往往更适合采用访谈法。无论采用哪一种方法,都需要围绕研究课题来进行问卷和访谈提纲的设计，这一环节不仅决定了能否收集到研究所需要的基础数据，更是对学生专业学习效果的检验，可以检验学生能否应用大学期间所学习的理论框架和分析思路来解决现实问题。

3. 学年论文中的分析研究

很多教师在指导学生撰写学年论文的过程中，发现存在的一个共性问题是，学生在分析问题的过程中缺乏必要的理论分析框架与方法。对于组织中的一些管理问题，一般人即使没有通过大学四年系统的专业学习，也能得到一些感性的认识。但是，如果在学年论文的写作过程中，学生仅仅基于自身的感触，而没有利用理论分析框架的话，那么这样的学年论文往往停留在就事论事的层面，质量不高，没有达到学年论文的训练目的。

学年论文作为毕业论文的基础，不仅要为毕业论文收集必要的数据资料，进行初步的数据分析，而且还要找到恰当的分析方法和理论框架，将理论与实际进行有机的结合。为此，找到恰当的理论框架，应用已有的理论来分析问题、解决问题，这是学年论文训练中的关键。

第二节 毕业论文

一、毕业论文概述

1. 毕业论文的基本要求

毕业论文是需要在学业完成前写作并提交的论文，是专业教学计划规定的一个综合性实践教学环节。毕业论文是培养学生综合运用经济学、管理学基本知识和基本技能，提高学生分析、解决实际问题和进行科学研究的初步能力的有效手段，也是培养学生实事求是、理论联系实际的学风的重要途径。

毕业论文要求作者能够准确地掌握所学的专业基础知识，基本学会综合运用所学知识进行科学研究的方法，对所研究的题目有一定的认识和理解。论文题目的范围不宜过宽，一般选择本专业某一方面的一个具体问题。毕业论文的基本教学要求是：（1）培养学生综合运用、巩固与扩展所学的基础理论和专业知识，培养学生独立分析、解决实际问题的能力，培养学生处理数据和信息的能力。（2）培养学生正确的理论联系实际的工作作风和严肃认真的科学态度。（3）培养学生在进行社会调查研究过程中的文献资料收集、阅读和整理、使用、提出论点、综合论证、总结写作等基本技能。

毕业论文是毕业生总结性的独立作业，是学生运用在校学习的基本知识和基础理论，去分析、解决一两个实际问题的实践锻炼过程，也是学生在校学习期间学习成果的综合性总结，是整个教学活动中不可缺少的重要环节。撰写毕业论文对于培养学生初步的科学研究能力，提高其综合运用所学知识分析问题、解决问题的能力有着重要意义。

2. 毕业论文的种类

毕业论文是学术论文的一种形式，由于毕业论文本身的内容和性质不同，研究领域、对象、方法、表现方式也不同，因此，对于毕业论文有不同的分类方法。

按内容性质和研究方法的不同，可以把毕业论文分为理论性论文、实验性论文、描述性论文和设计性论文。后三种论文主要是理工科大学生可以选择的论文形式，这里不作介绍。文科大学生一般写的是理论性论文。

理论性论文具体又可分成两种：一种是以纯粹的抽象理论为研究对象，研究方法是严密的理论推导和数学运算，有的也涉及实验与观测，用以验证论点的正确性；另一种是以对客观事物和现象的调查、考察所得观测资料以及有关文献资料数据为研究对象，研究方法是对有关资料进行分析、综合、概括、抽象，通过归纳、演绎、类比，提出某种新的理论和新的见解。

按研究问题的大小不同，可以把毕业论文分为宏观论文和微观论文。凡属国家全局性、带有普遍性并对局部工作有一定指导意义的论文，称为宏观论文。它研究的面比较宽广，具有较大范围的影响。反之，研究局部性、具体问题的论文，是微观论文。它对具体工作有指导意义，影响的面窄一些。对于工商管理专业的学生而言，大家最后撰写的毕业论文应是微观性的调查类论文。

二、工商管理专业毕业论文

工商管理专业的毕业论文在撰写的过程中，需要经过选题、阅读文献和参考资料、开题报告、撰写论文、评阅论文、论文答辩等环节。

1. 选题

选题是撰写所有学术论文的首要环节，也是关键环节。毕业论文作为一类特殊的学术论文，同样需要首先进行选题。毕业论文的选题应遵循以下一些基本原则：符合教学基本要求；符合本专业的培养目标，体现综合训练基本要求；尽可能与本学科发展的前沿和社会实际相结合；做到一人一题。

一般来说，不符合本专业教学基本要求，偏离专业方向的题目；范围过于狭窄、工作量不饱满、不利于学生全面训练的题目；学生难以胜任的题目；学生在毕业论文期间无法完成或不能取得阶段成果的题目；不适应时代要求，内容陈旧的题目等，都不适合作为毕业论文的选题。

2. 阅读文献和参考资料

认真阅读文献资料是写好毕业论文的重要基础。文献资料具有提供写作背景、作为立论依据和启迪写作思路等作用。因此，收集数量足够、质量合格的参考资料，是完成毕业论文写作的必备条件。在收集、阅读和使用文献资料的过程中，首先，一定要注意多收集文献和资料，而且要收集具有权威性和代表性的文献；其次，要认真阅读，充分对文献资料的使用价值进行挖掘；最后，要规范使用文献资料。

文献资料的收集，最简便的方法就是利用网络，登录所在高校的图书馆网页，找到中文数据库中的中国学术期刊全文数据库（www.cnki.net），然后在"检索项"里面选择主题或者是关键词，再在检索栏里输入你想要搜索的主题或者是关键词，检索后，可以点击下载你所需要的论文。倘若需要纸质版的文献资料，可以根据期刊名称、年度、期数、页码等信息，到图书馆的期刊阅览室去查阅。对于图书资源，可以在图书馆中查找借阅，对于重要的书籍也可以购买来进行学习。

一般来说,在毕业论文的写作过程中,需要查阅至少 10~20 篇学术论文,5~10 本相关的著作。对于期刊杂志,首先考虑参考国家自然科学基金委指定的 30 种期刊,包括《管理科学学报》《系统工程理论与实践》《管理世界》《数量经济技术经济研究》《中国软科学》《金融研究》《中国管理科学》《系统工程学报》《会计研究》《系统工程理论方法应用》《管理评论》《管理工程学报》《南开管理评论》《科研管理》《情报学报》《公共管理学报》《管理科学》《预测、运筹与管理》《科学学研究》《中国工业经济》《农业经济问题》《管理学报》《工业工程与管理》《系统工程》《科学学与科学技术管理》《研究与发展管理》《中国人口》《资源与环境》《数理统计与管理》《中国农村经济》等;其次,还可以参考全国重点大学的学报等。

3. 开题报告

在充分查阅资料后,学生应准备填写开题报告。开题报告是向指导教师或其他评审人汇报论文总体构想的一种文字说明材料,可以看作毕业论文的工作计划。一般包括选题目的和意义、研究方案、论文提纲、进度安排、参考文献等内容,其中论文提纲是评审的重点。论文提纲是对毕业论文主题思想和内容范围的总体设计,具体表现为论文的结构安排,即一、二级标题的组合。拟定论文提纲前应明了文章的总论点,以及从几个方面、以什么顺序来论述总论点,应特别注意各章节之间的逻辑关系。评审者通过学生上交的开题报告书来判断毕业论文选题是否得当,是否阅读了充足的资料,以及是否能够按照计划完成论文写作工作。

4. 撰写论文

在开题报告书评审通过后,就可以按照修改后的论文提纲来进行论文的写作了。写作的过程中,学生需要经常与指导教师进行沟通,并按照指导教师的意见来进行反复的修改。

毕业论文在写作过程中要注意以下问题:观点要明确,能够清楚明白地表达对所论事项的看法和意见,做到言之成理、前后一致、观点正确;资料翔实,撰写毕业论文所依据的各种参考资料要内容齐全、真实可靠,具有代表性和权威性等;结构合理,论文的篇章布局、段落划分要安排得当,具有逻辑性,主题突出,层次清楚,各段落之间关系协调、互相衔接、浑然一体;文字通顺,没有语法和逻辑上的毛病,具体来说就是概念准确、文风朴实、用字规范、正确使用标点符号等。

一篇完整的毕业论文应该包括以下七个部分:

(1) 题目。题目应简洁、明确、有概括性,字数不宜超过 20 个字(不同院校可能要求不同)。本科毕业论文一般无须单独的题目页;硕士、博士毕业论文一般需要单独的题目页,展示院校、指导教师、答辩时间等信息。英文部分一般需要使用 Times New Roman 字体。

(2) 中英文摘要。要有高度的概括力,语言精练、明确,中文摘要 300~500 字(不同学校可能要求不同)。

(3) 关键词。从论文标题或正文中挑选 3~5 个最能表达主要内容的词作为关键词。关键词之间需要用分号或逗号分开。

(4) 目录。写出目录，标明页码。正文一般应在目录中列出一级、二级标题（根据实际情况，也可以标注更低一级标题）、参考文献、附录、致谢等。

(5) 正文。本科毕业论文正文字数一般应在 8000 字以上（不同院校可能要求不同），包括引言、相关理论及研究现状、主体、结论三个部分。

(6) 参考文献。在毕业论文末尾要列出在论文中参考过的所有专著、论文及其他资料，所列参考文献可以按文中参考或引证的先后顺序排列，也可以按照音序排列。

(7) 附录。对于一些不宜放在正文中但具有参考价值的内容，可编入附录中，如调查问卷、访谈提纲、调查企业名录等。

5. 评阅论文

在论文的初稿完成以后，学生需要将论文交予指导教师进行审阅，指导教师会根据论文评分标准提出修改意见。本科毕业论文的评判标准主要包括选题质量、文献资料、学术水平、表现能力四个方面。

选题质量要求有一定新意，选择具体问题进行研究，有理论意义和实际应用价值。文献资料则考核学生是否在论文写作期间广泛阅读了相关文献，是否理解并恰当地运用于自己的写作中，是否对文献进行了分析和评述。论文的学术水平主要考查学生是否具备相关的理论知识，是否有自己独到的见解。表现能力考核学生的科研能力、写作能力以及论文独立完成的情况，评判学生是否具备较好的逻辑分析能力，数据资料的使用是否正确，论文的文笔与格式等是否符合要求。

一般而言，一篇文科毕业论文，要经过数次的修改和调整以后才可以最终定稿，提交答辩小组进行评阅和答辩。对于问题相对比较多的论文，评阅教师有权利退回论文进行修改，合格后方可获得答辩资格。

修改意见一般包括：

(1) 斟酌主题。主题是文章的价值所在。主题应正确、鲜明、深刻、集中、新颖。主题如果有问题，就必须改正。

(2) 掂掇材料。论文的材料，特别是调研数据资料不够丰富则需要修改。材料翔实、论据充分，论文才有说服力。材料太少，文章就会显得内容空洞；相反，如果材料太多，也会掩没观点，显得理论性不足。

(3) 调整结构。要检查文章结构是否合理。所谓结构不合理，表现在头绪繁多而杂乱，层次不清晰，重点不突出或有误，内部逻辑次序颠倒，首尾缺乏照应，等等。要通过调整，使文章层次清楚，结构严谨。

(4) 锤炼语言。有些学生在撰写毕业论文的过程中态度不认真，出现文字粗糙、语言杂乱、句式单调无变化、空话套话一大堆等问题。对此，必须要首先端正态度，然后对文字进行认真地修改。

6. 论文答辩

毕业论文答辩是一种有组织、有准备、有计划、有鉴定的比较正规的审查论文的重要形式。在论文答辩环节，学生首先对自己的毕业论文进行主述，向答辩小组的老师介绍自己论文的研究内容、研究过程和研究结论等；然后，答辩小组的老师将针对论文提出相关问题；最后，由学生结合自己的论文来进行论述。答辩小组老师会依据学生的答辩情况给出答辩成绩。答辩成绩评定标准包括论文本身的写作质量和答辩人在答辩过程中的表现。答辩人是否做了充分的准备，在答辩过程中语言表达能力怎么样，回答问题逻辑是否严密，都会影响最终的答辩成绩。

三、论文写作要点提示

1. 选题部分

毕业论文的选题一般与学年论文有一定的连接关系，学年论文为毕业论文做好前期调查与数据分析，毕业论文在学年论文的基础上结合理论进行深入探讨。毕业论文选题可以参考学年论文选题来源，同时还应注意以下问题。

第一，从感兴趣和喜爱的课程中选题。无论做什么事情，只要感兴趣和喜欢，做起来就会有劲头、有动力，就能把事情做好。在大学阶段众多的课程中，我们总有一两门喜爱的课程。只要我们对某一学科、课程有了兴趣，就会自觉地去学习，就会涉猎更多相关的参考书和辅助材料，这样一来也就能对现实中的相关问题比较敏感，加上指导教师的点拨，就会冒出智慧的火花。

第二，从熟悉的学科或课程中选题。这样做至少有以下好处：一是有话可说；二是搜集的资料齐全；三是心里有底，不至于担心答辩通不过。如果我们对某一事物不了解或不熟悉，强迫自己硬着头皮去写论文，即使写出论文来，也会质量不高，或是无中生有；不是观点偏颇、以偏概全，就是信口开河，甚至闹出笑话来。只有写熟悉的东西才会心中有数，不至于诚惶诚恐。

第三，从有争议的问题中选题。有争议的问题意味着没有达成共识，选择这样的题目可以提供独特视角的观点，容易引起评阅者的兴趣，获得深刻的印象和良好的评价。

2. 拟定论文提纲

以工商管理专业的毕业论文为例。如果是针对某个企业的具体管理问题来开展研究，那么论文的提纲一般包括以下六个方面：

（1）研究背景与意义。

① 研究背景；

② 研究意义；

③ 研究方法；

④ 研究内容与框架。

（2）相关理论与研究现状。

（3）××企业××管理问题现状。

（4）××企业××管理问题存在的主要问题及其原因分析。

（5）××企业××管理问题的对策及建议。

（6）总结。

如果是开展实证研究，那么则可以按照实证研究的研究范式，进行论文提纲的编写。

（1）研究背景与意义。

① 研究背景；

② 研究意义；

③ 研究方法；

④ 研究内容与方法。

（2）理论分析及研究假设的提出。

（3）样本的选择与筛选。

（4）实证研究及结果分析。

（5）总结。

3. 进度安排

第 1 阶段：选题。完成时间应在四年级第一学期第 6 周左右。

第 2 阶段：根据选题收集有关资料，并仔细、反复阅读收集的资料。完成时间应在四年级第一学期第 12 周左右。

第 3 阶段：撰写开题报告并由教师审阅。完成时间应在四年级第一学期第 16 周左右。

第 4 阶段：根据修改好的提纲撰写论文初稿，经自己反复修改后把初稿发给指导教师。完成时间应在四年级第一学期寒假。

第 5 阶段：根据指导教师提出的修改意见进行修改，改好后再发给指导教师。完成时间应在四年级第二学期开学前 1~2 周。

第 6 阶段：论文审定后打印 1 份上交查重。完成时间应在四年级第二学期第 6 周左右。

4. 论文正文部分

（1）引言。引言部分是引出本篇论文所要研究的问题，包括为什么研究这个问题、研究的意义、方法以及具体的研究内容。提出问题的方法是多种多样的，有直接式（又称开门见山式）、综合比较式（提出几种具有代表性、权威性的观点，肯定赞同其中一种，然后在正文中详加论证）、举例式（列举几种观点，分别对其正确与偏颇进行甄别）等。

学生可以结合文献及现实问题，通过对现状的描述，选择一种方式引出所要研究的具体问题，然后论述研究的意义。除此以外，引言中还应该对论文研究中所要采用的方法进行简单的介绍，不仅要介绍方法本身，还要对论文中的具体应用加以描述。最后，应该在说明各部分研究内容的基础上形成一个论文的内容框架图，有助于读者以及评阅和答辩老师从总体上对论文的内容结构有一个把握。

（2）相关理论。这部分是对与论文研究相关的基本理论进行回顾，从而有助于学生借鉴或者形成自己的理论分析框架。这一部分在写作的时候一定注意篇幅不要过长，而且选择回顾的理论一定要与所研究的主题有较强的相关性。

除了对相关理论的回顾以外，这一部分还可以对现有研究进行回顾。要紧扣研究主题，回顾有密切联系的相关研究，总结其中的方法、结论等，为自己论文的撰写提供依据。

（3）论文主体。这是整篇毕业论文的核心部分。一般对于工商管理专业的学生来说，这一部分主要是对某一企业具体管理问题的调查、分析，呈现给读者的是一个发现问题、分析问题和解决问题的完整框架。在这一部分的写作中，不仅需要有良好的调查和分析能力，能够对现实问题进行清晰地描述、分析、判断，而且需要有扎实的理论功底，能够应用大学阶段所学习的相关理论对现实问题进行分析和解决。本部分可以说是对于一个大学本科毕业生科研能力和学术水平的综合考量。

（4）结论。这是整篇毕业论文的收尾部分，是对整篇文章的一个总结，即在什么样的背景下研究了什么问题；借助于什么样的研究方法与工具；通过怎么样的研究和分析；提出了什么样的对策建议，等等。这部分的写作要点是总结全文，加深题意。

毕业论文是工商管理专业人才培养方案中的重要组成部分，是整个本科学习过程中的最后一个实践教学环节。通过毕业论文环节，可以使学生在就业前能够认识社会和企业现状，提高对未来工作的适应能力。本科生应充分利用这一机会，通过长达数月的选题、收集资料、写作、修改等过程，帮助自己升华所学的理论知识并提高综合素质和能力。

本章小结

学年论文是各类高等院校在校学生在大学二、三年级开始练习撰写的考查学习成绩和科研能力的论文。

学年论文的选题可以来源于指导教师指定、课程调研案例、学生实习经历。

毕业论文是需要在学业完成前写作并提交的论文，是专业教学计划规定的一个综合性实践教学环节。

毕业论文是培养学生综合运用经济学、管理学基本知识和基本技能，提高学生分析、解决实际问题和进行科学研究的初步能力的有效手段，也是培养学生实事求是、理论联系实际的学风的重要途径。

工商管理专业毕业论文撰写需要经过选题、阅读文献和参考资料、开题报告、撰写论文、评阅论文、论文答辩等环节。

一篇完整的毕业论文应该包括题目、中英文摘要、关键词、目录、正文、参考文献、附录等部分。

重要术语

学年论文　　毕业论文　　论文选题　　开题报告　　论文答辩

附录一　十位管理大师

大师中的大师：彼得·德鲁克

彼得·德鲁克被尊为"现代管理之父"和"大师中的大师"，他的著作和思想成为管理者与企业家取之不尽、用之不竭的思想源泉。

管理战略家：亨利·明茨伯格

明茨伯格是最具原创性的管理大师，对管理领域常提出打破传统及迷信的独到见解，是经理角色学派的主要代表人物。

质量管理宗师：约瑟夫·朱兰

约瑟夫·朱兰是世界著名的质量管理专家，举世公认的现代质量管理的领军人物。

领导艺术的指挥者：沃伦·本尼斯

沃伦·本尼斯是美国当代杰出的组织理论、领导理论大师，他是倡导组织发展理论的先驱，对组织理论的发展有很大的贡献。

竞争战略之父：迈克尔·波特

迈克尔·波特被誉为"竞争战略之父"，他的竞争战略研究开创了企业经营战略的新领域，对全球企业发展和管理理论研究的进步，做出了重要的贡献。

基业长青：吉姆·科林斯

吉姆·科林斯先后任职于麦肯锡公司和惠普公司，是当代著名的管理专家，同时又是一位顶尖的畅销书作家。

平衡计分卡创始人：罗伯特·卡普兰

罗伯特·卡普兰是平衡计分卡的创始人之一，也是备受国际称赞的会计学者。

管理哲学之父：查尔斯·汉迪

查尔斯·汉迪是欧洲最伟大的管理思想大师，当今世界上最称得上管理哲学家的人，也是继彼得·德鲁克之后在世界上拥有读者最多的管理学权威。

颠覆大师：克莱顿·克里斯藤森

克莱顿·克里斯藤森提出了"突破性技术"的观点，并因为这一观点成为技术创新领域的管理学大师。

领导变革之父：约翰·科特

约翰·科特是全球公认的最卓越、最权威的领导和变革大师，不仅是领导与变革研究领域的学术权威，而且曾指导过诸多世界顶级企业的领导变革实践。

附录二 工商管理专业本科生的推荐书目

陈春花：《大学的意义》
　　引导大学生在刚进入大学时茫然和雀跃的心情下，冷静地思考自己的大学生活将如何度过，从容地走过一段新的旅程。

小艾尔弗雷德·斯隆：《我在通用汽车的岁月》
　　以自传的形式记录了通用汽车公司的成长历史、重大事件和发展策略，我们可以从这些记录的历史和时光中汲取养料。

杰克·韦尔奇：《杰克·韦尔奇自传》
　　讲述了美国通用公司总裁杰克·韦尔奇在通用公司任职经历中的管理经验以及心路历程，可以为我们的学习和职业生涯提供参考和借鉴。

吴晓波：《激荡三十年》
　　记录了改革开放30年来的巨大变化，我们可以借此了解中国企业在改革开放年代走向市场、走向世界的成长、发展之路。

吴军：《浪潮之巅》
　　系统地介绍了诸多著名高科技企业的发展历史，可以让我们了解科技产业更迭和公司成长规律，适应科技浪潮带来的变化和挑战。

彼得·德鲁克：《管理的实践》
　　用深入浅出的语言全面论述了管理的角色、职责与挑战，同时兼顾执行层面、关注实际进行管理的人，提供了大量的实务指南，是管理专业的学生打好管理学根基的必读经典。

约翰·米克勒斯维特、阿德里安·伍尔德里奇：《公司的历史》

公司是世界上最重要的组织,是西方国家繁荣的基础,是全世界未来的希望。通过追溯公司的发展史,旨在说明公司这种组织形式如何崛起,并大胆预测了公司的未来。

丹尼尔·A.雷恩、阿瑟·G.贝德安：《管理思想史》

按照时间顺序梳理了西方管理思想演变历程,帮助我们了解管理思想形成的背景,加深对管理概念的理解,以及在日常工作或学术研究中灵活地运用管理思想。

刘澜：《领导力的第一本书：听大师讲领导力》

领导力是当今大学生参与社会竞争的重要能力之一,有意识培养领导力对我们三观的建立、职业的规划和眼界的扩大有着极为重要的意义。

维克托·迈尔·舍恩伯格：《大数据时代》

世界开始迈向大数据时代,在改变人类基本的生活与思考方式的同时,大数据已经在推动人类信息管理准则的重新定位。我们需要做好准备迎接大数据技术给社会和自身带来的改变。

乌尔里希·森德勒：《工业4.0》

工业4.0的本质实质是实现信息化与自动化技术的高度集成,是制造业未来取得竞争优势的关键。

陈威如、余卓轩：《平台战略》

是一本研究现代商业及互联网赢利模式的书。有助于拓宽我们的视野,提高对网络平台的认知,为将来从事互联网相关的工作打下一定的基础。

参考文献

[1] [美] 保罗·萨缪尔森、威廉·诺德豪斯：《微观经济学》（第 16 版）（萧琛等译），华夏出版社 2002 年版。

[2] [美] 彼得·德鲁克：《管理的实践》，机械工业出版社 2009 年版。

[3] 陈春花：《大学的意义》，机械工业出版社 2016 年版。

[4] 陈国海：《组织行为学》，清华大学出版社 2013 年版。

[5] 陈国辉、迟旭升：《基础会计》，东北财经大学出版社 2015 年版。

[6] 陈威如、余卓轩：《平台战略》，中信出版社 2013 年版。

[7] 陈维政、余凯成、程文文：《人力资源管理》，高等教育出版社 2016 年版。

[8] 创青春全国大学生创业大赛官方网站，http：//www.chuangqingchun.net/。

[9] [美] 丹尼尔·A. 雷恩、阿瑟·G. 贝德安：《管理思想史》（第 6 版）（孙健敏等译），中国人民大学出版社 2012 年版。

[10] 段万春：《组织行为学》，北京大学出版社 2012 年版。

[11] [美] 多恩布什、费希尔、斯塔兹：《宏观经济学》（第 7 版）（范家骧、张一驰、张元鹏、张延译，范家骧校），中国人民大学出版社 2001 年版。

[12] 郭菊娥等：《我国管理科学研究的回顾与发展展望》，载于《管理工程学报》2004 年第 3 期。

[13] 郭立夫、郭文强、李北伟：《决策理论与方法》（第二版），高等教育出版社 2017 年版。

[14] [美] 海因茨·韦里克、马春光、哈罗德·孔茨：《管理学精要：国际化视角》（原书第 7 版），机械工业出版社 2010 年版。

[15] [美] 加里·德斯勒：《人力资源管理》，中国人民大学出版社 2012 年版。

[16] [美] 加斯·塞隆纳、安德里·谢帕德、乔埃尔·波多尼：《战略管理》，机械工业出版社 2004 年版。

[17] [美] 杰克·韦尔奇：《杰克·韦尔奇自传》，曹彦博等译，中信出版社 2017 年版。

[18] 兰徐民：《工商管理学科导论专业入门课程专题设计探讨》，载于《北京邮电大学学报（社会科学版）》2013 年第 6 期。

[19] [美] 劳伦斯·S. 克雷曼：《人力资源管理》，机械工业出版社 2005 年版。

[20] 李守玉、王崇臣：《以课题组为单元，提高本科教育质量》，载于《中国高等教育》2017 年第 18 卷。

[21] 李维安：《公司治理学》，高等教育出版社 2016 年版。

［22］李维安、武立东：《公司治理教程》，上海人民出版社 2007 年版。

［23］李翔、殷贤华、胡聪：《本科生科研训练的困境与对策》，载于《高教论坛》2016 年第 10 期。

［24］林淑：《战略过程研究述评与展望》，载于《外国经济与管理》2007 年第 7 期。

［25］林致远：《现代经济学体系的基本脉络》，载于《东南学术》2007 年第 3 期。

［26］刘澜：《领导力的第一本书：听大师讲领导力》，机械工业出版社 2016 年版。

［27］马连福等：《公司治理》，中国人民大学出版社 2017 年版。

［28］［美］纳雷希·K. 马尔霍特拉：《市场营销研究：应用导向》，涂平译，电子工业出版社 2010 年版。

［29］彭正银：《网络治理：理论与模式研究》，经济科学出版社 2003 年版。

［30］乔世震、王满：《财务管理基础》，东北财经大学出版社 2005 年版。

［31］邱卫林、苏亚莉：《会计学原理》，北京理工大学出版社 2016 年版。

［32］［美］斯蒂芬·A. 罗斯：《公司理财》（第 8 版），机械工业出版社 2009 年版。

［33］［美］斯蒂芬·P. 罗宾斯等：《组织行为学精要》，机械工业出版社 2014 年版。

［34］孙国强等：《网络组织理论与治理研究》，经济科学出版社 2016 年版。

［35］谭劲松：《关于中国管理学科定位的讨论》，载于《管理世界》2006 年第 2 期。

［36］谭力文：《论管理学的普适性及其构建》，载于《管理学报》2009 年第 3 期。

［37］陶长琪：《决策理论与方法》，高等教育出版社 2016 年版。

［38］挑战杯全国大学生课外学术科技作品竞赛官方网站，http：//www.tiaozhanbei.net/。

［39］汪涛、万健坚：《西方战略管理理论的发展历程、演进规律及未来趋势》，载于《外国经济与管理》2002 年第 3 期。

［40］王国华、梁樑：《决策理论与方法》（第 2 版），中国科学技术出版社 2014 年版。

［41］王海兵、纪海文、贺妮馨：《研究性学习和案例教学在管理类本科专业教学中的综合应用研究》，载于《会计教学》2017 年第 19 期。

［42］王怀栋：《战略管理》，暨南大学出版社 2012 年版。

［43］王允平、孙丽虹：《会计学基础》，经济科学出版社 2013 年版。

［44］［英］维克托·迈尔·舍恩伯格：《大数据时代》（周涛译），浙江人民出版社 2013 年版。

［45］魏勋、蔡继明、刘俊民等：《现代西方经济学教程》，南开大学出版社 2001 年版。

［46］［德］乌尔里希·森德勒：《工业 4.0》（邓敏等译），机械工业出版社 2014 年版。

［47］吴冬梅、边文霞：《公司治理概论》，首都经济贸易大学出版社 2006 年版。

［48］吴军：《浪潮之巅》，人民邮电出版社 2016 年版。

［49］吴晓波：《激荡三十年》，中信出版社 2017 年版。

［50］［美］小艾尔弗雷德·斯隆：《我在通用汽车的岁月》（刘昕译），华夏出版社 2005 年版。

［51］邢以群：《管理学》，浙江大学出版社 2012 年版。

［52］熊飞、刘红艳、王安、周世力：《科研导向式本科生创新能力培养模式探索》，

载于《大学教育》2017 年第 11 期。

[53] 徐碧琳、陈颉：《管理学原理》（第 2 版），机械工业出版社 2015 年版。

[54] 于立：《工商管理学科的基础理论与研究方法》，载于《经济管理》2013 年第 12 期。

[55][英] 约翰·米克勒斯维特、阿德里安·伍尔德里奇：《公司的历史》，夏荷立译，安徽人民出版社 2012 年版。

[56][美] 约瑟夫·A. 德费欧：《朱兰质量管理与分析》（英文影印版第 6 版），机械工业出版社 2016 年版。

[57] 张建国：《工商管理导论》，北京理工大学出版社 2016 年版。

[58] 张阳、周海炜、李明芳：《战略管理》，科学出版社 2009 年版。

[59] 赵慧军、肖霞：《组织行为学》，教育科学出版社 2011 年版。

[60] 赵曙明：《人力资源管理研究》，中国人民大学出版社 2001 年版。

[61] 周新刚、肖小虹：《工商管理学科导论》，科学出版社 2015 年版。

[62] 邹昭晞：《企业战略管理》，中国人民大学出版社 2012 年版。